für B.

Everybody's building the big ships and the boats,
Some are building monuments,
Others are jotting down notes,
Everybody's in despair, every girl and boy,
But when Quinn the Eskimo gets here,
Everybody's goin' to jump for joy.
Bob Dylan

Denn es gibt nichts Ernsthafteres als den Narren,
wenn er auf den Kernpunkt seiner Narrheit kommt:
da versteht er vor großem Eifer keinen Spaß mehr.
Max Stirner

Frank LaMotta

Böses Deutschland

-

Gutes Deutschland

Skizzen einer Zivilreligion

© 2013 Frank LaMotta

Verlag: tredition GmbH, Hamburg
ISBN: 978-3-8495-4447-8
Printed in Germany

Inhalt

Der Glaube

Zivilreligion

M an stelle sich vor: ein tief religiöses Land mit allem was dazu gehört: ein unerschütterlicher Glaube an das Gute und das Heil, fest etablierte Heiligtümer an symbolträchtiger Stelle, zu denen jährlich Abertausende pilgern, immer wiederkehrende Rituale, die Massen in ihren Bann ziehend, tägliche Predigten in aller Öffentlichkeit, die Religion ein fester Bestandteil der Bildung, ein mächtiger Klerus, der in Politik, Medien und im Recht verankert ist, eine Bevölkerung, deren Großteil standhaft am Glauben festhält und ihn nach außen vertritt, eine privilegierte Intelligenzija, die für die theologischen Fundamente sorgt und, nicht zuletzt, versprengte Gruppen von Ketzern, Teufelsanbetern und Ungläubigen, deren Präsenz unter uns stets angemahnt wird und die eifrig an den Pranger gestellt werden.

Bei solch einer Beschreibung wird man zunächst ans Mittelalter denken oder vielleicht an heutige Gottesstaaten wie den Iran. Wenn man eine traditionelle Vorstellung von Religion voraussetzt, dann wäre das richtig, aber man muss nur eine Verschiebung vornehmen, man muss „moderner" denken, und man kann Überraschendes entdecken: Ein solches Land existiert nicht nur in weiten zeitlichen oder räumlichen Fernen, sondern viele von uns leben direkt in dessen Mitte. Was dabei allerdings außerordentlich verwunderlich ist – und in dieser Hinsicht daher noch viel „exotischer" als in den genannten historisch und geografisch entfernten Fällen – ist die Tatsache, dass die meisten Gläubigen gar nicht wissen, wie religiös sie sind, und dass es noch seltener ist, dass jemand in aller Deutlichkeit über die Religion spricht. Ein seltsamer Fall einer sich selbst tabuisierenden, sich selbst verschweigenden Religion: Deutschland zu Beginn des 21. Jahrhunderts.

Der bedeutende Unterschied der deutschen Volksreligion der Gegenwart zu vielen älteren Glaubensformen, insbesondere in Europa, liegt darin, dass sie „aufgeklärt" ist: Sie kommt ohne jeden Gott aus und ist durch und durch weltlich. Es gibt kein buchstäbliches Paradies, keine Hölle, noch nicht einmal irgendein Jenseits. Es handelt sich um eine fortgeschrittene und eigentümliche Form einer *religion civile* oder *civil religion* – auf Deutsch: einer Zivilreligion oder eines Bürgerglaubens. Die grundlegende Rolle, die eine solche Religion in einer modernen Gesellschaft inne hat (oder wenigstens innehaben kann), haben Philosophen, Soziologen und Religionswissenschaftler schon seit mehreren Jahrhunderten erkannt und beschrieben, aber im „öffentlichen Bewusstsein", gerade in Deutschland, ist dies noch nicht recht angekommen, und so besteht gerade hier eine sehr merkwürdige Blindheit gegenüber sich selbst. Licht in diese Dunkelheit zu bringen, ist das Ziel dieser Schrift.

Der Begriff der Zivilreligion wurde ursprünglich von dem französischen Philosophen und Aufklärer Jean-Jacques Rousseau (1712-1762) geprägt. Zum Ende (im achten Kapitel des vierten Buches) der Abhandlung über den „Gesellschaftsvertrag" (*Du contrat social*, erschienen im Jahr 1762), seiner wohl berühmtesten und politisch einflussreichsten Schrift, die insbesondere für die Französische Revolution von großer Bedeutung war, beschreibt Rousseau die Rolle der Religion in einer künftigen Republik. Im Geiste der Aufklärung muss auch die Religion zur Bürgersache werden. Sie darf nicht länger in den Händen einer autokratischen und autoritären Organisation, die sich gewissermaßen neben oder über dem Staat befindet - wie der Katholischen Kirche des Mittelalters - verbleiben, sondern muss sozusagen „zivilisiert" werden, das heißt, sie soll ganz in die bürgerliche Gesellschaft eingefügt sein und von ihr gestaltet

8

und praktiziert werden. Sie ist daher ein Glaube, den praktisch alle Bürger teilen können und der den allgemeinen moralischen, rechtlichen und politischen Grundüberzeugungen ein Fundament liefert. In diesem Sinne ist Roussseaus *religion civile* eine Art öffentliches Gewissen, dem alles, was im Staat geschieht, Rechenschaft schuldig ist.

In der Mitte des 18. Jahrhunderts war allerdings ein solches Gewissen noch nicht ohne Gott denkbar und es konnte deshalb auch noch nicht völlig verweltlicht sein. Rousseaus Zivilreligion ist stark in christlichem Gedankengut verwurzelt und kann auf vier einfache Grundsätze reduziert werden: 1. Es gibt (irgend)einen Gott; 2. Es gibt (irgend)ein Leben nach dem Tod, und deshalb gibt es 3. auch (irgend)eine Belohnung guter und eine Bestrafung schlechter Taten. Schließlich sind 4., da wir Genaueres nicht wissen, unterschiedliche Konfessionen und Glaubensformen zu akzeptieren. Auf der Grundlage eines Konsenses in diesen vier Punkten, lässt sich, so hoffte Rousseau, ein modernes Gemeinwesen aufbauen, in dem moralische Redlichkeit und gegenseitige Toleranz fruchtbar werden.

Gut zweihundert Jahre nach Rousseaus *Gesellschaftsvertrag* prägte der amerikanische Soziologe Robert N. Bellah den Begriff neu und bezog ihn auf die USA. Im Jahr 1966 hielt er, anlässlich einer wissenschaftlichen Konferenz, einen außerordentliche Berühmtheit erlangenden Vortrag über „Civil Religion in America" oder „Zivilreligion in den USA"[1]. In den politisch turbulenten 60er Jahren, nicht lange nach der Ermordung J.F. Kennedys, zur Zeit der schwarzen Bürgerrechtsbewegung unter Martin Luther King und während der zunehmenden Eskalation des Vietnamkrieges, plädierte Bellah leidenschaftlich für eine Besinnung der Amerikaner auf deren Grundwerte. Er berief sich dabei aus-

---

[1]   Zuerst veröffentlicht in *Daedalus. Journal of the American Academy of Arts and Sciences* 96: 1 (Winter 1967), 1-21.

drücklich auf Rousseau und appellierte an Amerika, sich seiner religiösen Fundamente zu erinnern, die von den Gründervätern der Nation (George Washington, Thomas Jefferson) über Abraham Lincoln bis hin zu den Präsidenten Kennedy und Johnson immer wieder betont worden waren. Jenseits aller konfessionellen Grenzen sei Amerika - gewissermaßen in göttlichem Auftrag - religiös hergeleiteten Werten, insbesondere der Achtung der Menschenwürde, der Menschenrechte und der Freiheit, verschrieben, die es gerade in Krisenzeiten zu beherzigen habe. In seinem Vortrag verwies Bellah insbesondere auf Jeffersons berühmte Formulierung in der amerikanischen Unabhängigkeitserklärung, wo es heißt, dass der Schöpfer alle Menschen mit bestimmten unveräußerlichen Rechten ausgestattet habe.

Nach Bellah waren es diese „zivilreligiösen" Werte und das ihnen entstammende öffentliche Gewissen, die der amerikanischen Revolution, also dem Sieg der selbstbestimmten demokratischen Republik über die britische, monarchische Fremdherrschaft und dem amerikanischen Bürgerkrieg, der die Sklaverei beendete, zugrunde lagen. Jetzt gelte es, so Bellah im Jahre 1966, die Zivilreligion, als Gottes Auftrag für Amerika, zur Unterstützung des *civil rights movement* und zur Ablehnung des Vietnamkrieges nutzbar zu machen.

Sowohl die französische als auch die amerikanische Revolution haben sich direkt (im französischen Fall) oder indirekt (im Falle Amerikas) zu einer Zivilreligion bekannt. In beiden Fällen waren, bzw. sind, die Glaubensgehalte der Religion eindeutig aus dem Christentum abgeleitet, wenn auch grundsätzlich auf andere Religionen anwendbar oder erweiterbar. Beide Zivilreligionen sind zudem unmittelbar mit politischen Programmen verknüpft und gewissermaßen als spirituell-moralische Basis der „Demokratie" gedacht. („Demokratie" in Anführungszeichen, da der Begriff im 18. Jahrhundert zu Zeit der französischen und amerikanischen

10

Revolutionen noch nicht so unumstritten war wie heute, man sprach damals noch lieber von „Republik".) In den letzten drei Jahrzehnten ist der Begriff der *civil religion* nun zunehmend weiter verweltlicht und mehr und mehr von seinen christlich-theologischen Wurzeln abgetrennt worden. Insbesondere in den USA wird der Ausdruck, zum Beispiel in den Medien und in wissenschaftlichen Publikationen, nun häufig auch verwendet, um die politische Inszenierung und das Zelebrieren gesellschaftlicher Symbole und Werte, die einem öffentlichen Gewissen und einer öffentlichen Moral Ausdruck geben, zu bezeichnen. In diesem Sinne kann der Begriff des „Bürgerglaubens" auch auf Deutschland angewendet werden, allerdings mit einem ganz anderen konkreten Gehalt als in Frankreich, den USA oder irgendeinem anderen Land auf der Welt.

Die Gebote

Schauen wir noch einmal auf Rousseaus ursprüngliche „vier Gebote", auf denen die Zivilreligion aufgebaut sein soll: 1. der Glaube an Gott; 2. der Glaube an ein Leben nach dem Tod; 3. der Glaube an Gut und Böse und dessen Belohnung bzw. Vergeltung; und 4. schließlich das Gebot zur Toleranz anderen gegenüber. Allgemeiner gesagt, kann man dies übersetzen als: 1. ein unbedingtes Bekenntnis zu „etwas", durch das man sich identifiziert und seinem Leben einen höheren Sinn verleiht, oder, christlich gesprochen, etwas, als dessen „Kinder" oder „Volk" sich die Gläubigen betrachten („Gotteskinder", „Volk Gottes") und wodurch sie stolz auf sich sein können; 2. der Glaube, an eine Erlösung durch das Bekenntnis zu diesem „Etwas" und an eine Art paradiesischen Zustand, der erreicht wird, wenn sich nur alle den Geboten des „Etwas" fügen; 3. der Glaube, dass dieses „Etwas" das Gute repräsentiert, wobei es allerdings ständig von einem anderen „Etwas" bedroht wird, das böse ist – und der Glaube, dass das Gute zu belohnen und das Böse zu verdammen ist, und 4. die Überzeugung, dass hier auf Erden, in der konkreten Gesellschaft, in der wir leben, zwar nicht unbedingt paradiesische Zustände herrschen, aber, dass man trotzdem eine dem „Etwas" mehr oder weniger gefällige Ordnung nach Recht und Gesetz schaffen kann.

Wenn man jetzt noch einen Schritt weiter geht, und das „Etwas" nicht mehr als einen jenseitigen Gott versteht und genau so auch den Teufel, das Paradies usw. ganz und gar weltlich und rein metaphorisch begreift, und zudem, wie dies sowohl Rousseau als auch Bellah getan haben, die grundlegende politische Dimension und Funktion der Zivilreligion anerkennt, kann man im Deutschland des frühen 21. Jahrhunderts eine weit verbreitete Zivilreligion erkennen, die auf folgenden vier konkreten Grundfesten ruht: 1. ein Bekenntnis zur Schuld für die Nazivergangenheit, das, über das rechtliche und moralische Bekenntnis dazu weit hinausgehend, allgemein identitätsstiftend wird und so dazu dient, „uns" von allen anderen zu unterscheiden, und das es uns somit, auf paradoxe Weise erlaubt, auf uns stolz zu sein; 2. der Hoffnung auf und das Bestreben nach zukünftigem Weltfrieden; 3. eine unzweideutige Parteinahme für das Gute, der anti-nationalistischen, anti-faschistischen, und pro-demokratischen Kraft in deren stetigem Widerstreit gegen das Böse, die nationalistisch-faschistisch-autoritäre Kraft, wobei es sich zu entscheiden gilt nach dem Motto „wer nicht für mich ist, ist gegen mich"; und 4. das Bekenntnis zu den Menschenrechten als politisch-rechtlichen Prinzipien allgemeiner Geltung, die immer und überall gesellschaftliche Priorität haben sollen.

Eine solche Zivilreligion kann man gut oder sogar musterhaft finden – dies taten sowohl Rousseau als auch Bellah.

a) Schuld und Stolz

Seit jeher haben sich Völker, Nationen, Staaten durch den Bezug zu einer höheren Macht, zu einer Großtat, zu einem Gründungshelden oder Ähnlichem identifiziert. Diese Identifikation erlaubt zugleich auch, stolz auf das zu sein, womit man sich identifiziert. Sogenannte „primitive" Stämme etwa verstanden sich als einem als Totem verehrten Tier verbunden. Im Rahmen der „Abrahamischen Religionen" (Judentum, Christentum, Islam) gab und gibt es die Vorstellung, das auserwählte Volk Gottes zu sein. In anderen Kulturen sah oder sieht man sich als Nachkomme „übermenschlicher" Heroen oder auch als leidgeprüfte Schicksalsgemeinschaft. Das heutige Deutschland stellt demgegenüber einen bemerkenswerten Sonderfall dar: Man identifiziert sich nicht durch das, was die Nation adelt, entweder als „Liebling" eines Gottes, als Erbe großer Vorfahren, oder als unbeugsame Kraft, die allen Widerständen zum Trotz weiter besteht, sondern, durch das, was das Volk verbrochen hat. Man bekennt sich zu einer Schuld. Aber auch auf die kann man stolz sein, nämlich dann, wenn diese Schuld ganz besonders ist, und damit das Bekenntnis dazu uns zu den Demütigsten von allen macht. Es macht uns besser als alle anderen, weil wir (nicht so verscheiden von Jesus Christus) die größtmögliche Schuld auf uns nehmen und damit allen anderen Sündern doch ein Vorbild sein sollten!

Nach dem 2. Weltkrieg und dem Zusammenbruch der Naziherrschaft hat man sich in Deutschland zunehmend, insbesondere seit den 1960er Jahren, als Tätervolk definiert. Dies hat der deutschen Soziologe Bernhard Giesen - der, auf Englisch, von der Figur des *perpetrator* spricht, also eben des Täters oder Verbrechers, der den Helden oder Gott als höchsten Bezugspunkt abgelöst hat - ausführlich dokumentiert und beschrieben.[2] Täterschaft bedeutet Schuld, und

---

[2] Bernhard Giesen, *Triumph and Trauma*. Boulder, Colorado:

als religiös-identitätsstiftende Schuld ist sie, genau wie die vormaligen Helden, überlebensgroß, und macht die, die sich zu ihr bekennen nicht nur schuldig, wie bei einer rechtlichen oder moralischen Schuld, sondern durch das Bekenntnis dazu auf paradoxe Weise auch gleich wieder wieder gut.

Jemand, der im Dritten Reich ein „normaler" Verbrecher war, sagen wir ein Einbrecher, Vergewaltiger oder sogar Mörder ist zwar natürlich auch ein Übeltäter, aber dessen Schuld hat eine ganz andere Qualität als bei jemandem, der an den Naziverbrechen als Nazi beteiligt war. Im ersten Fall, ist das Vergehen ein mehr oder weniger drastischer Bruch des Gesetzes, im zweiten Fall aber hat das Verbrechen eine weit über den einzelnen und den Einzelfall hinausgehende Bedeutungsdimension. Es steht in direktem Zusammenhang mit der „Schöpfung" der Untat, unter deren Bann alle Nachkommenden stehen. Mit dem beliebigen Einbrecher oder Vergewaltiger aus den 1930er Jahren verbindet uns wenig, selbst wenn es sich um unseren Großvater oder Urgroßvater handelt, aber mit Hitler haben wir als Deutsche alle zu tun.

Das große Verbrechen der Nazizeit hat uns alle zu seinen Kindern gemacht und eben nicht zum Volk Gottes, sondern, als Kinder und Kindeskinder der großen Verbrecher, zum Tätervolk. Dazu müssen wir uns bekennen, und nur so können wir überhaupt Aufnahme in die Gemeinschaft und damit Geborgenheit finden. Als Tätervolk sind wir alle gleich: Alte und Junge, Frauen und Männer, Linke und Konservative, usw. Unsere Schuld ist barmherzig, sie weist niemanden zurück, solange man sie nicht verleugnet. Durch ihre Größe macht sie auch uns groß. Die Großartigkeit und Einzigartigkeit der Schuld spiegelt sich wider im Bekenntnis zu ihr und verleiht den Bekennenden einen eigenartigen, fast heiligen Glanz. Auf paradoxe Weise vermag auch der Glaube an die

Paradigm Publishers: 2004.

„große Täterschaft" Bäume zu versetzen und seine Getreuen mit Inbrunst, Pathos und Selbstgerechtigkeit zu erfüllen.

Niemand anders bekennt sich so zur Schuld wie wir, und darauf können wir stolz sein. Nur wir sind von der Schuld erwählt, nur wir sind ihre legitimen Kinder. Daher vermögen nur wir, in unserer Selbstverleugnung vor ihren Füßen, in ihr und durch sie *neu geboren* zu werden. Erst *nach* dem Erscheinen dieser Schuld sind die Deutschen wirklich zu dem geworden, was sie heute sind. Das Erscheinen dieser Schuld ist die große Zäsur in der deutschen Geschichte, nach der wir die Zeit eigentlich bemessen. Erst durch die Fleischwerdung als Tätervolk und das damit verbundene Martyrium, das in der Katastrophe und Vernichtung der Welt, wie sie war, und vor allem schließlich in der Vernichtung von uns selbst, wie wir vorher waren, endete, ist es uns möglich, unsere Bestimmung zu erfahren und uns für alles Kommende vorzubereiten. Die Schuld hat uns gezeichnet, aber unser Bekenntnis dazu zeichnet uns aus.

Wir sind schuldstolz geworden. Die Schuld hat uns geschaffen, in all unserem Elend und unserer Erbärmlichkeit, aber sie hat uns auch die Kraft und die Herrlichkeit dazu gegeben, das Elend und die Erbärmlichkeit, im unerschütterlichen Glauben umzukehren in die Einsicht in das, was wirklich gut ist, und den unbeugsamen Willen, uns für dieses Gute, jedoch natürlich nur auf gute Weise, überall einzusetzen und somit die frohe Botschaft unermüdlich und überall zu verkünden. Gerade weil nur wir uns so kompromisslos zu unserer Schuld bekennen, sind wir so gut. Denn wir geben unsere Schuld ja zu—und das tun wir besser als alle anderen.

Zu einer richtigen Religion gehört auch die frohe Botschaft, die unseren Stolz zum Ausdruck bringt. Das heißt aber auch, dass diejenigen, die sich nicht recht an ihr erfreuen, leicht der Verdammnis anheimfallen können. Wehe dem, der den Schuldstolz kränkt!

b)   Weltfrieden

„Von deutschem Boden soll nie wieder Krieg ausgehen!"—
so hieß und heißt ein unumstößliches Gebot im Nachkriegsdeutschland. Dieses Gebot hat offensichtliche Gründe. Zum
Schuldbekenntnis gehört nicht nur die Anerkennung des
Völkermord-Verbrechens, sondern auch das Bekenntnis zur
Kriegsschuld. Ebenso wie die „große Schuld" umgekehrt
wird in einen das Tätervolk paradox glorifizierenden
Schuldstolz, so wird die Kriegsschuld umgekehrt in einen
paradox glorifizierenden Staatspazifismus. Deutschland hat
sich wie kaum ein anderes Land dem Weltfrieden verschrieben. Das Schuldbekenntnis, so hofft man, wird uns schließlich einen paradiesischen Frieden auf Erden bringen
können.

Die Vision eines zumindest implizit vom deutschen Boden ausgehenden „ewigen Friedens" findet sich schon bei
Immanuel Kant (1724-1804) in dessen berühmter Schrift zu
diesem Thema. Anders als bei Kant, wo der ewige Frieden
von der praktischen deutschen Vernunft ausgeht, geht er
aber bei der deutschen Zivilreligion von einem quasi-religi-
ösen Schuldbekenntnis aus. In anderen Ländern, insbesondere in den USA wird in den Medien und der Politik die
deutsche Zurückhaltung bei Militäreinsätzen (zu Teilnahme
daran hat sich Deutschland im NATO-Rahmen in gewisser
Weise ja zumindest „moralisch" verpflichtet) immer wieder
mit dem Hinweis auf die deutsche Vergangenheit erklärt –
Libyen, Afghanistan, Irak, *you name it*. Eine rein historische
Erklärung greift allerdings ein wenig zu kurz. Wie viele Nationen der Welt hätten denn aufgrund ihrer jeweiligen Vergangenheit und verheerenden Kriegserfahrungen, inklusive
von Kriegsschuldkomplexen, keinen Grund, sich bei
Kriegshandlungen zurückzuhalten? Die bloße Kriegsschuld

allein kann somit den deutschen Pazifismus nicht hinreichend begründen. Es muss noch etwas hinzukommen, um das kategorische Gebot „Von deutschem Boden soll nie wieder Krieg ausgehen!" zu formulieren. Diese „Zutat" ist die Zivilreligion. Eine Nation, die sich durch Kriegsschuld wesentlich identifiziert und durch das Bekenntnis zu ihr glorifiziert, kann sich im Gegenzug, in ihrer *neugeborenen* Gestalt, als Weltfriedensbringer verstehen.

Mit dem Weltfrieden, ob nun, wie bei Kant, auf Vernunft gebaut, oder wie im heutigen Deutschland, auf Kriegsschuldbekenntnis, gibt es allerdings, wie bei allen Heilsvisionen, ob traditionell religiös oder modern zivilreligiös, ein grundlegendes Problem: Er ist utopisch. Den Weltfrieden hat es nie gegeben, und er ist, denke ich, auch nicht in Sicht, jedenfalls nicht vor der Wiederkehr Christus'. Das neue deutsche Pazifismusgebot ist daher auch jetzt schon – und das hat es wiederum mit praktisch allen Geboten aller Religionen gemein – häufig gebrochen worden. Religiöse Gebote hören sich gut an, ihnen ist nur schwer zu widersprechen. Aber das bedeutet gerade nicht, dass sie mit der Wirklichkeit dessen, was geschieht, sehr viel zu tun haben. Zu solchen Paradoxien mehr gegen Ende dieses Kapitels.

c) Antifaschismus

In viele Religionen, insbesondere in den Abrahamischen, findet man „manichäische"[3] Unterscheidungen zwischen Gut und Böse, zwischen Gott oder Göttern einerseits und dem Teufel oder Dämonen andererseits. In der deutschen Zivilreligion ist das nicht anders. Hier ist eine ebenso klare wie einfache Grundunterscheidung zu beobachten. Da gibt

---

[3] Dieser Ausdruck geht auf die frühchristliche Sekte des Mani (3. Jhdt.) zurück, die an einen radikalen Gegensatz zwischen dem göttlichen Reich des Lichtes und dem teuflischen Reich des Schattens glaubte.

es die Guten, die sich als Tätervolk identifizieren und sich stolz zur Schuld bekennen. Demgegenüber gibt es die Bösen, die das Gegenteil tun: Sie sind die, die die Schuld nicht als Schuld anerkennen. Das sind zunächst natürlich die Nazis selbst, die die Verbrechen verübten, ohne sich als Verbrecher zu sehen, und die im Gegenteil diese sogar noch als das Richtige ausgaben. Dann sind da aber auch alle diejenige, die sich nun nicht genug von den Verbrechern distanzieren und somit das Böse relativieren. Hier hat man es mit eigentlich *Teuflischen* zu tun. Und so war dann auch, ganz im Sinne der Zivilreligion, ein wesentlicher Kritikpunkt an der Darstellung Hitlers durch den Schauspieler Bruno Ganz in dem Kinofilm *Untergang*, dass dieser jenen „zu menschlich" verkörpert habe.

Die religiöse Standardreaktion auf das Teuflische und Dämonische ist dessen radikaler Ausschluss. Das bloß Schlechte, den gewöhnlichen Verbrecher zum Beispiel, will man oft zumindest *verstehen*. Man will ihn oder sie kennenlernen, um dann Wege zu finden, produktiv mit Übeltätern umzugehen. Mit dem Teuflischen kann es aber keinen produktiven Umgang geben, man will es auch nicht kennenlernen, und noch weniger Verständnis dafür aufbringen. Vom Teuflischen muss man sich radikal distanzieren, man muss sich davon fernhalten, man muss jede Berührung vermeiden. Schon in dessen Nähe zu geraten, kann fatal sein. Das Teuflische muss gebannt und nicht gekannt werden. Man kann es nicht heilen oder reformieren, die Religion hat ihm gegenüber ein anderes Umgangsverfahren entwickelt: den Exorzismus - es gehört ausgetrieben.

Die Zivilreligion hält eine Reihe von Methoden zur Teufelsaustreibung bereit. Sie schließen zum Beispiel gesetzliche Maßnahmen zum Verbot, nicht von buchstäblichem „Teufelszeug", sondern von nationalsozialistischen Symbolen ein. Das Hakenkreuz darf in der Bundesrepublik in der

Regel nicht abgebildet werden, noch nicht einmal zu satirischen Zwecken. Wie tief verankert dieses zivilreligiöse Tabu ist, zeigt ein Vergehen gegen es, das wohl in kaum einem anderen Land als solches empfunden worden wäre. In ihrer Ausgabe vom 5. Februar 2011 empörte sich die Bild Zeitung (Zitat: „Das darf doch nicht wahr sein!") – wie auch viele andere deutsche Medien – über ein „makabres Quartettspiel", das auf der Nürnberger Spielzeugmesse ausgestellt worden war, Dieses sogenannte „Tyrannen-Quartett" das als „Die übelsten Diktatoren der Welt" betitelt war, listete unter deren Konterfeis unter anderem die Anzahl ihrer Todesopfer auf und konnte daher wohl kaum als Verherrlichung dieser Figuren verstanden werden. Weil jedoch auf der Hitlerkarte ein Hakenkreuz sichtbar war, (welches die *Bild Zeitung* in ihrer Abbildung der Karte gesetzestreu unkenntlich machte) griff die deutsche Staatsanwaltschaft wegen des Verdachts der „Verwendung von Kennzeichen verfassungswidriger Organisationen" ein und konfiszierte es. In Deutschland wurde das Kartenspiel als provokante Tabuverletzung empfunden, im von der Zivilreligion nicht besonders geprägten Ausland hingegen empfand man die Konfiszierung als skurril.[4] Dieses Missverhältnis ist typisch für religiöse Tabus. Von innen erscheint ihr Bruch als Skandal, von außen wundert man sich, was das ganze Theater soll. Wer hat da nun Recht? Fragen sie die *Bild Zeitung*!

d)   Menschenrechte
Das „positive" Gebot der deutschen Zivilreligion lautet: „Setze die Menschenrechte immer an die erste Stelle!" (Man könnte dieses Gebot vielleicht auch noch erweitern zu: Und errichte dafür einen Wohlfahrtsstaat!) Die Men-

---

[4]   Siehe dazu z.B. den Kurzbericht auf cnn.com vom 8. Februar 2011, der im Unterschied zur Bild-Zeitung in einem sachlich-lakonischen Ton verfasst ist.

schenrechte stehen programmatisch für die konkrete gesellschaftliche Kultur in der Zivilreligion. Sie gehen über Rousseaus viertes Gebot der Toleranz weit hinaus. Rousseau verlangte lediglich, Andersgläubige sozusagen passiv in Ruhe gewähren zu lassen.[5] Die deutsche Zivilreligion allerdings verlangt aktiven Schutz und Einsatz für die Menschenrechte, und zwar wiederum sowohl im Inland als auch im Ausland. Dieses Gebot, das muss deutlich gesagt werden, ist damit auch wesentlich weniger „eigenartig" als die vorhergehenden drei. Es ist in anderer, aber verwandter, Form auch unter anderem in der amerikanischen Zivilreligion aufzufinden.

Gegenüber dem Ausland, so fordert es die Zivilreligion, müssen die Menschenrechte permanent eingefordert werden. Wir verurteilen nicht nur rechte und rassistische Diktaturen in Vergangenheit und Gegenwart, sondern jedwedes Regime, das Menschenrechtsverletzungen begeht oder toleriert. Dies können ehemalige afrikanische Freiheitskämpfer sein, die zu Schurken geworden sind, wie Mugabe und Gaddafi. Dies können kommunistische oder sozialistische Regierungen sein, die jetzt repressiv agieren, wie Chinas Kommunisten oder Venezuelas Chavez. Oder es können au-

---

[5]   Dies ähnelt dem ursprünglichen Freiheitsgedanken in den USA, der historisch und ideologisch in der Religionsfreiheit verwurzelt ist, die man übrigens besser *Konfessionsfreiheit* nennen sollte, da Atheismus keine gleichberechtigte Option darstellt—hierzu der ikonische, Präsident Eisenhower zugeschriebene Ausspruch: "Our government makes no sense unless it is founded in a deeply felt religious faith – and I don't care what it is." („Unsere Regierungsform ist sinnlos, solange sie nicht in einem tief empfundenen religiösen Glauben verwurzelt ist – und dabei ist es mir egal, um welchen es sich handelt.") zitiert nach Robert N. Bellah, „Civil Religion in America", in *Daedalus. Journal of the American Academy of Arts and Sciences* 96: 1(Winter 1967), 1-21. Fußnote 2.

tokratische „Scheindemokraten" sein wie Vladimir Putin, und schließlich natürlich auch der Unredlichkeit verdächtige Bundesgenossen, wie George W. Bush oder Silvio Berlusconi. In allen Fällen weiß der gute Deutsche genau, was besser zu machen wäre, was korrigiert werden muss und wo sich das Böse verbirgt. Verfolgung der Opposition, Unterdrückung der Pressfreiheit, weltfriedengefährdende Politik: Das alles muss die deutsche Zivilreligion geißeln (und da ist sie, wie gesagt, nicht allein).

Nach innen kann man jedoch nicht nur fordern, sondern hat auch mehr Handlungsmöglichkeiten, den Menschenrechten Geltung zu verschaffen. Hier ein beispielhafter Fall: Ein junger Mann namens Magnus Gäfgen hatte im Jahre 2002 ein Kind entführt mit der Absicht ein Lösegeld in Höhe von einer Million Euro von den Eltern zu erpressen. Er tötete das Kind im Verlaufe der Entführung, wurde aber bald gefasst, ohne dass die Polizei von der Ermordung wusste. Im Verhör Gäfgens versuchte die Polizei nun herauszufinden, wo das noch am Leben geglaubte Kind gefangen gehalten sei, um es zu befreien. Im Laufe des Verhörs wurde Gäfgen angedroht, dass er physisch gequält werden würde, wenn er sich weiterhin weigere, den Aufenthaltsort des Kindes preiszugeben. Das Kind wurde später, durch Mithilfe Gäfgens, tot aufgefunden. Gäfgen wurde zu lebenslanger Haft verurteilt.

Gäfgen seinerseits klagte aus der Haft heraus gegen die Folterdrohung durch die Polizei und verlangte eine Entschädigungszahlung aufgrund der Verletzung seiner Persönlichkeitsrechte. In der Tat waren die Polizeibeamten, die Gäfgen Gewalt angedroht hatten, bereits strafrechtlich belangt und zu Geldzahlungen verurteilt worden. Anfang August 2011 wurde nun Gäfgen von einem deutschen Gericht in dieser Angelegenheit der Anspruch auf eine Entschädigungszahlung in Höhe von 3000 Euro zuerkannt. In der Urteilsbegründung hieß es, Gäfgens Menschenwürde sei verletzt und seine Rechte seien ernsthaft missachtet worden.[6]

In der deutschen Öffentlichkeit gab es gemischte Reaktionen. Polizeiverbände und Verbrechensopferorganisationen zeigten sich enttäuscht und äußerten Unverständnis für die Entscheidung. Ein nicht unwesentlicher Teil der Medien aber lobte das Urteil ausdrücklich – und zwar mit Hilfe des deutschen zivilreligiösen Vokabulars und Argumentationsschatzes. Ein Kommentar der *Tagesschau*, von Gigi Deppe aus der ARD-Rechtsredaktion, forderte dazu auf, sich nicht von der Empörung über das Urteil mitreißen zu lassen, sondern „genauer hinzusehen". Deppe verwies auf die, ihrer Ansicht nach absolut gerechtfertigte, „Unerbittlichkeit" der deutschen Verfassung die eben nicht nur Folter, sondern auch die Androhung derselben kategorisch, also ohne jeden Spielraum, verbiete. Das daran nicht gerüttelt wurde, war ihrer Ansicht nach „gut so." Sie betonte weiter, das die „Menschenwürde das höchste Gut der [deutschen] Verfassung" sei und schloss mit dem Ausdruck ihres „Stolzes" auf unsere deutschen Gerichte, die dieses Gut kompromisslos verteidigen, auch und gerade in Fällen, wo dies unpopulär sei.[7]

Bemerkenswert an diesem Kommentar, der, stellvertretend für sehr viele gleichlautende, die zivilreligiöse Reaktion auf das Urteil für Gäfgen repräsentiert, ist, denke ich, zweierlei. Zuerst ist da eine, ich möchte sagen typisch deutsche, Kantianische Prinzipienstrenge. Religiöse, bzw. bei Kant moralische, Gebote sind *kategorische Imperative*. Das heißt, sie sind grundsätzlich und vor allem unabhängig von

---

[6]   Ich schildere den Fall hier nach der Darstellung der *Deutschen Welle* auf deren Website vom 4. August 2011 (http://dw-world.de/dw/article/0,,15295473,00.html)

[7]   Siehe www.tagesschau.de unter /multimedia/video/ondemand100_id-video955790.html.

jeder konkreten „empirischen" oder praktischen oder den spezifischen Lebensumständen geschuldet Situation unumstößlich und unbedingt zu befolgen. Kant gibt dafür selbst ein berühmtes Beispiel. Unter gar keinen Umständen darf man lügen. Selbst wenn man einen Freund in seinem Haus verbirgt, und ein Mörder kommt an die Tür und fragt, ob jener im Hause sei, da er, der Mörder, ihn umzubringen gedenke, so muss, nach Kant, der Türöffner die Wahrheit sagen. Wie gesagt: Dieses Gebot ist „unerbittlich" für Kant, und das ist für ihn auch „gut so." Wegen irgendwelcher konkreten Umstände, sagen wir um das Leben eines Kindes zu retten, darf man kein „höchstes Gut" kompromittieren.

Einfacher gesagt: Die unbedingte Treue zu Prinzipien (die bei Kant und in der deutschen Zivilreligion „transzendental" sind, das heißt aus unumstößlichen Grundsätzen abgeleitet und in Religionen oft „transzendent", das heißt von Gott abgeleitet werden) ist immer und überall rein pragmatischen, zweckgerichteten Überlegungen vorzuziehen. Oder konkret auf den Fall Gäfgen bezogen: Das absolute Gebot der Menschenrechte (das nach Ansicht der deutschen Verfassung die Androhung von Folter untersagt) ist wichtiger als das Leben eines Kindes. Bloße Verhältnismäßigkeitsüberlegungen – die etwa sagen würden, jemandem Schmerzen anzudrohen ist besser als ein Kind sterben zu lassen - haben da keinerlei Platz – aus höchsten oder tiefsten Gründen, die man zivilreligiös begreifen kann, wenn man mit Gigi Deppe „genauer hinsieht". Kant sagt, dass man selbst einem Mörder gegenüber nicht lügen darf, um das Leben eines Freundes zu retten, da dann das „Gesetz, wenn man auch nur die geringste Ausnahme einräumt, schwankend und unnütz gemacht wird"[8] Und ganz genau an Kant an-

---

[8] Zitiert aus Kants Aufsatz „Über ein vermeintliches Recht aus Menschenliebe zu lügen" in Immanuel Kant. *Zum ewigen Frieden und andere Schriften*. Frankfurt/Main: Fischer, 2008. 227.

knüpfend, schreibt Gigi Deppe, dass man auch um das Leben eines Kindes zu retten, keinem Mörder Gewalt androhen darf, da wer „diese Tür [d.h. die Erlaubnis von Folterandrohung] aufmacht, weiß, dass es dann kein Halten mehr gibt."

Der Gesellschaftstheoretiker Niklas Luhmann hat in einer seiner letzten Schriften den Ausdruck „Menschenrechtsfundamentalismus" verwendet.[9] Ich denke, dass dieser Ausdruck in Bezug auf den gerade beschrieben Fall und in direktem Zusammenhang mit der deutschen Zivilreligion durchaus buchstäblich verstanden werden kann. Wie bei den meisten Religionen spaltet sich die Masse der Gläubigen in fundamentalistische Strömungen, die den Buchstaben der Gebote aufs Wort zu folgen hoffen, und eher moderate Gruppierungen, die pragmatische und praktische Gesichtspunkte nicht ganz in den Hintergrund drängen wollen. Die Reaktion auf das Urteil zur Entschädigung Gäfgens zeigt einen solchen Bruch in den Reihen der deutschen Zivilreligion: Auf der einen Seite finden sich fundamentalistische Richter und Journalisten, und auf der anderen Seite, in diesem Falle, die moderatere Polizei.

Der zivilreligiös bemerkenswerteste Aspekt des Kommentars der *Tagesschau*-Journalistin kommt am Ende des Textes zum Ausdruck . Auf recht pathetische Weise schließt sie damit, ihren *Stolz* auf das menschenrechts-fundamentalistische Gericht zu bekunden. Das ist der neu-deutsche Zivilreligionsstolz, der den alten nationalsozialistisch getrübten Vaterlandsstolz ablöst. Der Philosoph Jürgen Habermas hat hierfür den Begriff des „Verfassungspatriotismus" geprägt. Man ist, als Deutsche oder Deutscher, nicht mehr geradeheraus stolz auf sein Heimatland, sondern viel-

---

[9] So Gigi Deppe auf der Website tagesschau.de in ihrem Text „Das Urteil verteidigt die Menschenwürde" am 4. August 2011.

mehr auf die aus der Anerkennung der Schuld des Heimat-
landes gewachsene Zivilreligion, die sich in der Verfassung,
also einer Art Glaubensproklamation, niederschlägt.

Gebotskonflikte

Religionen, und dies schließt auch Zivilreligionen ein, haben typischerweise ein grundlegendes Problem mit ihren
Geboten: Sie geraten bisweilen in einen offenen Widerspruch zueinander. Einerseits soll man seinen Nächsten lie-
ben, aber dann darf man andererseits noch nicht einmal die
Frau des Nachbarn wohlwollend anschauen ... Dass jemand
die Grenze zum Fundamentalismus überschritten hat, wird
oft daran sichtbar, dass er oder sie behauptet, ganz genau zu
wissen, wann welches Gebot welches andere übertrumpft.
Da ist sich dann jemand ganz sicher, den rechten Glauben
zu haben, während andere schwanken und unsicher werden.
Auch dies kann ein aktuelles Beispiel verdeutlichen.

Joschka Fischer, ehemaliger Grünen-Führer, Außenminister und beliebtester Politiker Deutschlands, parteiinterner
„Realo", aber zivilreligiöser Fundamentalist, erboste sich im
März 2011 öffentlich über die deutschen Nichtteilnahme am
Nato-Angriff auf Libyen. Die *Bild Zeitung* hatte den Deutschen die „Zurückhaltung von Schwarz-Gelb" so erklärt:
man befürchte eine mögliche Eskalation des Konflikts, die
auch zum Einsatz von Bodentruppen führen könne und meine außerdem, dass ein Umsturz nicht durch westliches Ein-
greifen erzwungen werden solle, sondern vielmehr von
innen aus Libyen selbst kommen müsse.[10] Diese Begründung folgte ganz offensichtlich dem Gebot: „Von deutschem
Boden soll nie wieder Krieg ausgehen!" und man muss

---

[10] So die *Bild Zeitung* am 18. März auf ihrer Website bild.de in
einem Artikel mit dem Titel „Drei Gründe, warum
Deutschland nicht eingreift".

wohl nicht direkt als Zyniker gelten, wenn man denkt, dass die Regierung Merkel, wie zuvor schon diejenige Schröders vor dem zweiten Irak-Krieg, hoffte, dass eine solche pazifistische Haltung ihr beim Wahlvolk große Sympathie einbringen werde. Dabei hatte man aber die Rechnung ohne den gestrengen Wächter eines anderen Grundgebotes gemacht, nämlich der Grünen Besorgnis um die Menschenrechte.

So trat nun der „Mufti"[11] Joschka Fischer mit einer „Fatwa"[12] in der *Süddeutschen Zeitung* auf die Bühne, um die zivilreligiösen Grundwerte in die rechte Ordnung zu fügen. Für Fischer war es klar, dass man sich doch zu allererst dem „Schutz der libyschen Bürger" hätte verpflichten müssen. Dass dies nicht geschah, ruft in ihm, als zivilreligiösem Deutschem in erster Linie, wie er sagte, „Scham" hervor. Er schämt sich, Deutscher zu sein. Das doch vertraut klingen in zivilreligiösen Ohren!? Ähnlich wie Gigi Deppe in Sachen Kindermörder, ruft Joschka Fischer in seinem Beitrag dazu auf, für den Schutz der Menschenrechte auch unpopuläre Entscheidungen zu treffen.[13]. Die Richter Gäfgens taten Deppe diesen Gefallen, Angela Merkel tat ihn Joschka Fischer nicht, und so blieben die deutschen Kampfflugzeuge und Soldaten (zumindest vorerst) daheim. Ginge es nach Fischer, so hätte man zur unbedingten Verteidigung von Menschenrechten eben auch bereit sein müssen, Bomben zu werfen. In grundlegenden Glaubensdingen kann es eben keine Kompromisse geben.

---

[11]   Dies ist im Islam eine Bezeichnung für religiöse Schriftgelehrte.

[12]   Dies ist im Islam eine Bezeichnung für ein Gutachten oder einen öffentlichen Ratschlag eines Muftis oder Schriftgelehrten.

[13]   Joschka Fischer, „Deutsche Außenpolitik – eine Farce" *Süddeutsche Zeitung* vom 22. März 2011; eingesehen auf der Website sueddeutsche.de.

Wiederum kann der deutsche Bürger fragen: Ja wer hat den jetzt Recht, Angela Merkel oder Joschka Fischer? Und darauf kann man eben wiederum antworten: Das hängt davon ab, welcher zivilreligiösen Konfession man angehört. Die einen sehen das Friedensgebot für wichtiger an als das Menschenrechtsgebot und die anderen sehen es umgekehrt. In beiden Fällen werden als „letzte Gründe" keine politisch-militärisch-strategischen Argumente angeführt, sondern vielmehr zivilreligiöse. Zumindest in der Rhetorik werden diese jenen übergeordnet. Warum sollen deutsche Bodentruppen keinesfalls zum Einsatz in einem fremden Land kommen? Nicht in erster Linie weil das für Deutschland politisch-militärisch-strategisch schlecht wäre, sondern weil es dem Friedensgebot widerspricht. Und warum soll Deutschland Libyen bombardieren? Nicht in erster Linie weil das für Deutschland politisch-militärisch-strategisch gut wäre, sondern weil es dem Menschenrechtsgebot entspricht.

Eine solch „religiöse" Argumentation ist im Rahmen der Nato ungewöhnlich, denn diese versteht sich als Verteidigungsbündnis, und so wurde denn auch beispielsweise der Afghanistan-Krieg als ein militärisch notwendiger Gegenschlag ausgegeben. Ähnlich wurden die US-amerikanischen Kriege der letzten Jahrzehnte typischerweise als Abwehrkriege gegen äußere Bedrohungen (Kommunismus, Massenvernichtungswaffen) dargestellt. Die amerikanischen Präsidenten weisen dementsprechend immer wieder gerne auf den Schutz der amerikanischen Bürger und der amerikanischen Lebensweise als ihre höchste Pflicht hin. In Deutschland kommt ein solches Argument im Gegensatz zu den USA jedoch nicht gut an. Hier muss man den Krieg, wenn überhaupt, als für den Schutz der Menschenrechte notwendig anpreisen.

Der Ritus

Zu einer Religion gehört der Gottesdienst und andere Veranstaltungen, die den Glauben festigen, die Gemeinschaft der Gläubigen zusammenschweißen, und nach außen hin Zeugnis ablegen von der Religion, ihren Inhalten, ihren Werten und ihrer Kraft. Durch solche Veranstaltungen versichert sich die Glaubensgemeinschaft nicht nur ihrer selbst, sondern bindet auch die kommenden Generationen mit ins Geschehen ein; sie haben somit auch eine wichtige erzieherische Funktion. Außerdem stellen sie die Rollenverteilungen und Machtpositionen innerhalb der Gemeinschaft dar: Sie zeigen, wer predigen, huldigen, und Opfer zelebrieren darf und wer zuzuschauen hat – und selbstverständlich zeigen sie auch, wenn man darauf schaut, wer abwesend ist, wer nicht dazu gehört, ausgeschlossen wurde oder sich selber ausschließt.

Wenn das Objekt der Verehrung in der deutschen Zivilreligion kein jenseitiger Gott ist, sondern die Schuld, so nehmen die ihm gewidmeten Zeremonien die Form von öffentlichen Schuldbekundungen, von rituelle Gedenkfeiern, die die Schuld aussprechen, und von plakative Gesten, durch die man die Schuld auf sich nimmt, an. Gelegenheiten zu solchen Ritualen bieten oft, wie bei vielen Religionen, Jubiläen. In Deutschland gibt es dementsprechend häufig etwas zu feiern, den Jahrestag der deutschen Kapitulation beispielsweise (oft irreführend „Kriegsende" genannt, obwohl doch zum Beispiel die Atombombenabwürfe auf Japan noch später stattfanden), den seinerzeit im Jahre 1985 Bundespräsident Richard von Weizsäcker dazu nutzte, um die deutsche Kriegsschuld symbolisch von höchster Stelle aus anzuerkennen und das Kriegsende als Befreiung für ganz Deutschland zu bezeichnen.[14] Andere Festveranstaltungen werden zum Jahrestag der Reichskristallnacht, der Hinrichtung oder des Todestages von Regimegegnern der Nazis, der Befreiung von Konzentrationslagern, dem Tag des Angriffs auf Polen, usw. abgehalten. Es herrscht kein Mangel an geeigneten Anlässen.

All diese Rituale können gewissermaßen auf eine Art prototypisches Ereignis zurückgeführt werden, auf eine historische Gründungsgeste, in deren Folge unzählige Variationen und neue symbolische Formen entstanden. Dieses ikonische Ereignis ist der sogenannte „Kniefall von Warschau" vom 7. Dezember 1970 durch den damaligen Bundeskanzler Willi Brandt. Eines der bis heute wohl erfolgreichsten Pressefotos ging seinerzeit um die Welt. Es zeigte, wie der Kanzler, nachdem er einen Kranz am Denkmal für die Helden des Warschauer Ghettos (also die Opfer der NS-Vernichtungspolitik) niedergelegt hatte, schweigend niederkniete und mit gefalteten Händen inne hielt.

Im Dezember 1970 hatte sich Brandt zu einem Staatsbesuch in das zu dieser Zeit selbstverständlich noch kommunistische Polen begeben, um einen ganz wesentlichen Bestandteil seiner neuen, auf Versöhnung des „freien Westens" mit dem Warschauer Pakt ausgerichteten Ostpolitik zu verwirklichen, nämlich die Unterzeichnung des deutsch-polnischen „Vertrags über die Grundlagen der Normalisierung ihrer gegenseitigen Beziehungen", oder kurz „Warschauer Vertrag". Hauptgrundlage dieser „Normalisierung" sollte die Anerkennung der „Oder-Neiße-Grenze" sein, also der

---

[14] Die Weizsäcker-Rede selbst war für den *Spiegel* Anlass, einen Jahrestag des Jahrestages zu feiern. Zum 20-jährigen Jubiläum von Weizsäckers Rede zum 40. Jahrestags der Befreiung, also am 8. Mai 2005, veröffentlichte spiegelonline.de den Text erneut, und sprach dabei von der vielleicht „wichtigste[n] Rede, die je in Deutschland zu diesem Thema gehalten wurde."

nach Ende des 2. Weltkrieges gezogenen Trennlinie zwischen Polen und der späteren DDR, wodurch ein großer Teil ehemaligen deutschen Staatsgebietes (in Schlesien, Ostpreußen, Pommern) Polen zugesprochen wurde (das im Gegenzug ehemals polnische Gebiete an seiner Ostgrenze an die Sowjetunion abtreten musste). Die deutschstämmige Bevölkerung dieser Gebiete war nach Kriegsende fast vollständig durch die Sowjettruppen enteignet und zwangsumgesiedelt (oder getötet) worden, so dass der Vertrag praktisch nur den damaligen *Status quo* offiziell anerkannte.

Allerdings wurde durch die Anerkennung der Grenze auch ein etwaiges Rückkehrrecht oder etwaige Entschädigungsansprüche der jetzt in der BRD ansässigen Vertriebenen die rechtliche Grundlage entzogen. Dieser Verzicht auf, von manchen als legitim empfundene Interessen, wurde zumindest von Teilen der Vertriebenen und deren Sympathisanten als falsch empfunden, was die Brandtsche Ostpolitik (für die Brandt später den Friedensnobelpreis erhielt) zur damaligen Zeit in Deutschland recht umstritten machte. Deswegen rief auch Brandts Kniefall, im Gegensatz zur heutigen Situation, keinesfalls uneingeschränkte Begeisterung bei seinen Zeitgenossen hervor. Nach einer direkt nach dem Staatsbesuch vom *Spiegel* durchgeführten Umfrage fanden nämlich 48% der Deutschen in der BRD den Kniefall - und das dadurch ausgedrückte Schuldbekenntnis, das als moralische Grundlage des Gebietsverzichtes angesehen wurde - übertrieben, während nur 41 % diesen für angemessen hielten (11 % hatten in dieser Sache keine Meinung).[15]

In derselben Ausgabe des *Spiegels* erschien ein Bericht über den Staatsbesuch, verfasst von dem Journalisten Hermann Schreiber, der persönlich daran teilgenommen hatte. Offensichtlich von Schuldstolz ergriffen und noch immer

---

[15]   *Der Spiegel*, Ausgabe 51, 1970.

bewegt von dem unmittelbar symbolträchtig gewordenen Kniefall Brandts deutete Schreiber diesen so:

„Wenn dieser ... für das Verbrechen nicht mitverantwortliche, damals nicht dabei gewesene Mann nun dennoch auf eigenes Betreiben seinen Weg durchs ehemalige Warschauer Ghetto nimmt und dort niederkniet – dann kniet er also nicht um seinetwillen. Dann kniet er, der das nicht nötig hat, da für alle, die es nötig haben, aber nicht da knien – weil sie es nicht wagen oder nicht können oder nicht wagen können. Dann bekennt er sich zu einer Schuld, an der er selbst nicht zu tragen hat, und bittet um eine Vergebung, derer er selbst nicht bedarf. Dann kniet er da für Deutschland.[16]"

Schreiber spielt hier darauf an, dass Brandt sich zur Nazi-Zeit im norwegischen Exil aufgehalten hatte und Regime-Gegner gewesen war, also persönlich nicht die Nazivergangenheit der überwiegenden Mehrheit der älteren Generation der Deutschen im Jahre 1970 teilte. In Deutschland war die Studentenrevolte der späten 60er und frühen 70er Jahre, anders als in den USA und Frankreich, auch ganz wesentlich ein bestimmter, durch die Nazi-Zeit geprägter Generationenkonflikt zwischen um oder nach 1945 geborenen Menschen und der Generation von deren Eltern und Großeltern, die von jenen oft als sich nie wirklich von ihrer Vergangenheit losgesagt habende heimliche oder auch nicht so heimliche Faschisten empfunden wurden.

In diesem zeitgeschichtlichen Zusammenhang machte die Interpretation des Kniefalls durch den Spiegel-Journalisten Schule und setzte sich allgemein durch: Mit seiner Geste brach Brandt das peinliche Schweigen der faschistoiden Vätergeneration und manifestierte den radikalen Bruch der An-

---

[16] „ Zitiert nach dem Eintrag „Kniefall von Warschau" in der deutschsprachigen wikipedia.org Website (eingesehen am 12. August 2011).

tifaschisten mit der deutschen Vergangenheit. Da gab es nun einerseits die Alten, diejenigen die wirklich schuldig an all den grauenhaften Verbrechen waren, aber ihre Schuld entweder leugneten oder zumindest zu verschweigen suchten, und andererseits die Jungen, repräsentiert durch den Exilanten Willi Brandt, die obwohl nicht persönlich schuldig, doch die Schuld endlich auf sich nahmen, eingestanden und die politisch-gesellschaftlichen Verantwortung dafür trugen, indem sie, zum Beispiel, nun endlich die deutschen Ostgebiete an die Opfer der Nazi-Zeit offiziell abzugeben gewillt waren – wozu sich die Vätergeneration vorher nie hatte durchringen können.

Was nun am „Kniefall von Warschau" von zivilreligiöser Bedeutung ist, ist die zwar ganz und gar verweltlichte oder säkularisierte, aber dennoch offenkundig aus der christlichen Tradition abgeleitete Bedeutungsdimension, die Schreiber in seinem Artikel zum Ausdruck bringt. Der Kanzler Brandt wird als politischer Messias, als Jesus Christus der Nachkriegsdeutschen stilisiert: Er, der selbst ohne Sünde ist, nimmt stellvertretend die Sünden aller auf sich und erlöst diese damit. Er „bekennt sich zur Schuld", kniet nieder mit gefalteten Händen und „bittet um eine Vergebung, derer er selbst nicht bedarf" – das nicht christlich-religiös klingt und schuldstolz, was dann?

Durch Schreibers Deutung des Kniefalls wird dieser zu einem mehr als bloß politischem Akt, er wird ganz klar zu einer religiösen Geste. Und von da an musste sich gewissermaßen jeder und jede Deutsche entscheiden, ob man diesem Messias nachzufolgen bereit war oder nicht. In der ersten Woche nach dem Kniefall war die Mehrheit der Deutschen noch nicht zur Nachfolge bereit, aber das sollte sich in den kommenden Jahren und Jahrzehnten grundlegend ändern. Es geht bei dieser Nachfolge nun weder primär um die deutsche Ostpolitik der 70er Jahre noch um die Warschauer Verträge – beide sind heute, wie das nach so vielen Jahren ja auch nicht anders sein kann, lange von der Geschichte überholt worden – sondern es geht vielmehr um die Begründung der Zivilreligion, die sich seit dem Kniefall Brandts zunehmend in Deutschland verbreitet hat und die in zahllosen daran anknüpfenden Ritualen, Zeremonien, und Bekenntnissen mehr denn je weiterlebt. Sie hat sich den jeweiligen Zeitverhältnissen angepasst und ist im Verlaufe der vergangenen vier Jahrzehnte in vielfältigen Formen in Erscheinung getreten. Einige neuere Formen werde ich sogleich diskutieren, will aber zuvor noch einen kurzen Blick darauf werfen, wie auch der Kniefall selbst zu einem Jubiläumsfeiertag für die deutsche Zivilreligion geworden ist.

Die deutschen Medien haben sich ausführlich „zu 40 Jahren Kniefall von Warschau" zu Wort gemeldet, aber anders als es beim tatsächlichen Ereignis noch der Fall war, ist die Reaktion heute natürlich einmütig positiv und rundum ehrfürchtig und andächtig. So ist der Leitartikel der *Frankfurter Rundschau* am 6. Dezember, verfasst von Thomas Kröter, mit dem ganz unverhohlen religiös klingenden Titel „Die Kraft der Demut" überschrieben. Sehr richtig hebt Kröter zuallererst hervor, dass Brandts „symbolische Geste" „bis heute für die Anerkennung deutscher Schuld" steht. Dann wird klargestellt, dass „das Eingeständnis, dass der Verlust der einst deutschen Ostgebiete" ihren Ursprung in den „deutschen Verbrechen wider die Menschlichkeit" hat und somit auch, dass der offizielle Verzicht auf diese Gebiete nicht zuallererst, im Rahmen der Entspannungspolitik im Kalten Krieg, realpolitisch motiviert war, sondern vielmehr als religiös-moralisches Bekenntnis verstanden werden muss, dem sich Deutschland seit Brandt endlich verschrieben hat. Brandt hatte, so Kröter, mit seinem Kniefall stellvertretend die „Scham" sich selbst gegenüber manifestiert, durch die sich Nachkriegsdeutschland in der Folge selbst definierte.

Kröter hebt dabei deutlich hervor, dass sich die „Größe" der Brandtschen Geste „vielen erst später" erschloss. Man hatte die religiöse Dimension zunächst nicht in aller Deutlichkeit wahrgenommen oder vielleicht sogar bewusst abgelehnt. Nach und nach jedoch sickerte sie allgemein durch und begründete, wie gesagt „die Anerkennung deutscher Schuld" im umfassenden Sinne, das heißt nicht mehr direkt auf ganz spezifische Taten bezogen, sondern absolut als generelle Schuld an „Verbrechen wider die Menschlichkeit". Die Größe der Geste, und die Größe des Stolzes darüber, wuchs dementsprechend mit der Größe der Schuld..

Es war - dieser Logik folgend - nur konsequent, dass Bundespräsident Christian Wulff zum 40. Jahrestags einen „Blitzbesuch" (eine in diesem Zusammenhang vielleicht etwas unglückliche Wortwahl Kröters, da hier doch leicht auch an „Blitzkrieg" gedacht werden kann) in Warschau machte und damit eine Kontinuität (der deutschen Zivilreligion) deutlich machte, „die vor vierzig Jahren wenig wahrscheinlich schien." Und warum erschien diese damals wenig wahrscheinlich? Weil die Zivilreligion damals noch in den Kinderschuhen steckte und erst in den 70er Jahren ihren wirklichen *take off* durchmachte. Dies kommt auch in dem Kommentar eines Lesers der *Frankfurter Rundschau* zum Ausdruck, der lapidar, aber zugleich den Nagel auf den Kopf treffend feststellt: „Willi Brandt hatte gezeigt, dass Deutschland 1970 noch nicht gut war."[17] Zum Glück, so

---

[17] Zitiert nach dem Kommentar von „cwc" zu Kröters Artikel auf der Website der *Frankfurter Rundschau* vom 6. Dezember 2010. Interessanterweise bemerkt ein anderer Leser sehr deutlich den religiösen Ton Kröters. „Kritikos" schreibt an gleicher Stelle: „Was nützt die Demut vor der Welt, wenn man vor Gott keine hat. Was hoch (angesehen) ist vor den Menschen ist Gott ein Greul, sagt Jesus! (Luk 16,15) Wie er [Willi Brandt] mit seiner Frau, aber auch anderen Frauen und

muss man aus diesem Satz schließen, hat sich das aber dank der Zivilreligion inzwischen geändert, so dass Deutschland im Allgemeinen und dieser beflissene Leser im Besonderen jetzt endlich wieder gut geworden sind. Nach Willi Brandt hat die Zivilreligion das abgeschlossenen, was lange vor ihr, nun wieder Kröter zitierend „die materielle ‚Wiedergutmachung' gegenüber Israel und den Juden begonnen" hatte. Nach der Wiedergutmachung für die Opfer, gelang es der Zivilreligion schließlich, auch die Täter, bzw. deren Nachkommen, wieder gut zu machen.

Die Selbst-Wiedergutmachung durch seine Zivilreligion wird nirgendwo deutlicher als im Zentrum der Hauptstadt des wiedervereinigten Deutschlands: Hier steht ein am 10. Mai 2005 feierlich eingeweihtes (wobei, was noch nicht einmal bei Ansprachen des Papstes der Fall ist, die Einweihungszeremonie auf beiden großen öffentlich-rechtlichen Kanälen sowie vom Nachrichtensender Phönix live übertragen wurde) eindrucksvolles und tatsächlich monumentales Monument: „Das Denkmal für die ermordeten Juden Europas", oft auch einfacher „Holocaust-Mahnmal" genannt.

Auf immerhin etwa 19.000 m², nahe am Brandenburger Tor in der Stadtmitte, hat man keine Kosten und Mühen gescheut, die Größe der Geste Brandts mit einem zumindest ebenso großen Nationalsymbol des neuen Deutschlands zu zementieren. Die einzelnen Stelen des Mahnmals sind aus Beton gefertigt und mit einem besonderen „Anti-Graffiti-Schutz" überzogen, der es ermöglicht, Verunstaltungen, bzw., wie es im zivilreligiösen Vokabular heißt, Schändungen, leicht wieder zu entfernen.[18] Man hatte also offenbar

---

Männern umgegangen ist, das ist ein Skandal, welches gezeigt hat, dass er charakterlos war!" Diesem Leser stößt offenbar die mangelnde Bibeltreue der Zivilreligion auf.

[18] Wegen dieses Bezuges gab es einen politisch-zivilreligiösen Skandal. Dieser wurde nämlich von einer Tochterfirma der

schon in den Planungen einen besonderen Reiz des Mahnmals darin gesehen, dass es, aufgrund seiner Dimension und Form, insbesondere die in und um Berlin herum reichlich vorhandenen Hooligan-Neonazis sozusagen dazu einlud, das Denkmal mit faschistischen Parolen oder Symbolen zu entweihen. Dies geschah dann auch tatsächlich wiederholt, wobei unter anderem am 23. August 2008 „mehrere Säulen mit insgesamt elf Hakenkreuzen" beschmiert wurden.[19] Auf diese Weise kann man also die Gegenwartsschuld permanent in das Vergangenheitsschuldbekenntnis mit einbeziehen. Das Denkmal zeigt so nicht nur in aller Deutlichkeit der Welt, dass sich Deutschland durch das Bekenntnis zu ungeheurer Schuld in seiner Geschichte identifiziert, sondern auch, dass der Teufel immer noch in ihm versteckt ist, und dass es nun aber, da es wieder gut geworden ist, alles tut, um diesen Teufel in der Gegenwart zu bekämpfen. So erkennt das Denkmal einerseits die Gegenwart des Bösen an, zeigt aber zugleich, wie die Anerkennung des Bösen jetzt in gute Taten verwandelt worden ist.

Wie nicht anders zu erwarten, bot das Mahnmal Anlass zu einigen zivilreligiösen Kontroversen. So wurde kritisiert, dass das Schuldbekenntnis nicht umfassend genug sei, da

---

Firma Degussa hergestellt, welche zur Nazi-Zeit das Gas für die Judenvernichtung hergestellt hatte. Weil aber „gerade Degussa ihre Vergangenheit vorbildlich aufgearbeitet habe" (und damit als zivilreligiöses Vorbild gelten konnte) „ beschloss das Kuratorium der Stiftung ... den Weiterbau mit weiterer Beteiligung der Degussa." Zitiert nach dem Eintrag „Denkmal für die ermordeten Juden Europas" im deutschsprachigen wikipedia.org, eingesehen am 12. August 2011.

[19]   Dieses und alle folgenden Zitate, bis zur nächsten Fußnote, folgen dem Eintrag „Denkmal für die ermordeten Juden Europas" im deutschsprachigen wikipedia.org, eingesehen am 12. August 2011.

der Naziherrschaft ja nicht nur die Juden Europas zum Opfer fielen, sondern auch andere Gruppen. Insbesondere Vertreter der Sinti und Roma sahen sich durch das Mahnmal ein weiteres Mal diskriminiert. In diesem Sinne wird die „Trennung der Mahnmale für einzelne Opfergruppen" des Dritten Reiches von manchen „als Separation und Hierarchisierung kritisiert." Zwar stellen die Juden die größte und bekannteste „Opfergruppe" dar, aber die deutsche Schuld hört nicht bei ihnen auf und ist vor allem nicht konkret eingrenzbar. Die zivilreligiöse Schuld ist vielmehr universal, ihre Größe entzieht sich der Spezifizität.

Andere bemängelten, dass das „Stelenfeld selbst keine weitergehenden Informationen zum Holocaust" enthält. Während dem Mahnmal zwar durch den „Ort der Information," ein unterirdisches Holocaust-Museum, ergänzt wird, so wird dieses augenscheinlich weit weniger stark frequentiert, so dass das Mahnmal "in einer Art und Weise aktiv in das Berliner Stadtleben, insbesondere bei Jugendlichen, und den Berlintourismus einbezogen, die an einem authentischen Gedenkort unvorstellbar wäre." Viele empfinden einen solchen Einbezug des Mahnmals in Jugendkultur und Tourismus offenbar als nicht pietätvoll genug und geben damit Bedenken kund, die auch häufig gegenüber anderen religiösen Kultstätten oder Gebäuden geäußert werden. Als in dieser Hinsicht problematisch, weil offenbar an Demut und ernsthafter Hingabe mangelnd, wird auch bisweilen der dem früheren Bundeskanzler Gerhard Schröder zugeschriebene Wunsch angesehen, „das Denkmal möge ein Ort sein, zu dem man gerne hingeht." Eine zentrale zivilreligiöse Gedenkstätte soll eben nicht unbedingt ein Ort sein, an dem sich die „Spaßgesellschaft" auslebt, sondern ein Ort ernsthafter Reflexion, Besinnlichkeit und Schuldbewusstmachung. Es soll nicht nur gefeiert werden, sondern es sollen vor allem religiöse Gehalte und Werte vermittelt werden.

Schließlich wurde auch bemängelt, dass das Holocaust-Mahnmal einer versteckten „Renationalisierung der Erinnerung von Deutschen für Deutsche" Vorschub leiste, welche „die Auseinandersetzung mit Täterschaft und Schuld vermindere." Dieser Kritikpunkt variiert, auf quasi lutherisch-protestantische Weise, eine bekannte Kritik an religiösem Prunk und öffentliche Zurschaustellung von Religion, die dem inneren, persönlichen Charakter der Glaubenspraxis letztlich nur abträglich seien. So kann man zwar nach außen hin „fröhlich" Religion demonstrieren und zelebrieren, und sich dadurch Absolution versprechen, bleibt aber innerlich womöglich unberührt. So gesehen wäre das Holocaust-Mahnmal also kontraproduktiv, da es ein tiefes, im Gewissen des einzelnen stattfindendes Bekenntnis nach außen verlagert und dadurch unwirksam macht.

Die „groß(e) deutsche Geste" des Holocaust-Mahnmals richtet sich nach außen an die Welt, aber auch nach innen ans wiedervereinigte Deutschland. Dies war nötig, denn eines der vielen Probleme, die die deutsche Wiedervereinigung nach dem Mauerfall brachte, war die nur schwach ausgeprägte Zivilreligion im ehemals kommunistischen Osten. Die DDR war von Beginn an ein ausdrücklich antifaschistischer Staat und definierte sich nicht über die Schuld am Nationalsozialismus, sondern im Gegenteil durch dessen aktive Bekämpfung. Die Kommunisten gehörten ja bekanntlich zu den am schärfsten Verfolgten unter Hitler, und viele der führenden politischen Köpfe der DDR waren in nationalsozialistischer Gefangenschaft oder im inneren oder äußeren Widerstand tätig gewesen.

Auch im Laufe der 70er und 80 Jahre entwickelte sich in der DDR keine dem Westen vergleichbare Zivilreligion. Der Warschauer Kniefall von Willi Brandt wurde, wie die zivilreligiösen Kommentatoren der deutschen Medien zum 40. Jahrestags des Kniefalls oft nachdrücklich betonten, in der

DDR nicht weiter erwähnt oder, wie es hieß, „zunächst ver-schwiegen."[20] Von heute aus betrachtet wird dieses Ver-schweigen des Kniefalls als Sünde betrachtet: Die DDR verpasste die Gelegenheit, von Anfang an bei der Zivilreli-gion mitzumachen. Aus der Perspektive der damaligen kom-munistischen Machthaber, und wohl auch großer Teile der jüngeren DDR-Bevölkerung - die ganz andere Sorgen hatte als die Nazivergangenheit ihrer Eltern, nämlich massive Un-terdrückung und Freiheitseinschränkung durch eine Diktatur sowie materielle Rückständigkeit - sah das natürlich anders aus. Für sie war der Kniefall Brandts nicht wirklich von Be-deutung. Anders als Christoph Dieckmann in der *Zeit* vom 6. Dezember 2010 nahe legt, sah man es nämlich keinesfalls so, dass Brandt „auch für uns" in der DDR kniete. Dort hat-te man, so glaubte man, eine solche Geste nicht nötig. Erst mit der Wiedervereinigung musste nun der Kniefall als „auch für uns" geltend angesehen werden – so wie Jesus ja „auch für uns" am Kreuz gestorben war, selbst wenn wir uns damals nicht zugleich zu ihm bekannt hatten.

Mit dem Holocaust-Mahnmal im wiedervereinten Berlin inmitten des wiedervereinten Deutschlands wird dieses „auch für uns" überdeutlich. Es verkörpert nicht zuletzt auch den vollzogenen zivilreligiösen Beitritt der DDR zur Bundesrepublik. *Ein* Grund für den in der ehemaligen DDR schwelenden und teilweise militanten Neo-Nazismus, den ich allerdings noch in keiner Analyse angesprochen gefun-den habe, ist vielleicht, dass auch und gerade die Zivilreligi-on dort als den Ostbürgern vom Westen aufgezwungen und übergestülpt empfunden wird. Dieses „auch für uns" wollen viele dort nicht so einfach übernehmen. Es ist jedenfalls ty-pisch für Religionen, die in vordem heidnische Gegenden

---

[20]   So Christoph Dieckmann in dem Artikel „Kniefall von Warschau. Er kniete auch für uns" in *Die Zeit* vom 6. Dezember 2010.

importiert werden, dass sich dort Widerstand insbesondere gegen die als sakrosankt ausgegebenen Glaubensinhalte und Glaubensstätten richtet. Insofern kann der Neo-Nazismus, der gerade im Osten Deutschlands oft gewalttätig zum Ausdruck kommt, wenigstens zum Teil auch als Revolte gegen eine religiöse Bekehrung durch den Westen verstanden werden.

Einen nicht unerheblichen Beitrag zur Verfestigung und Verbreitung der Zivilreligion der Nachkriegszeit in *ganz* Deutschland leistete, zunächst in den 90er Jahren und dann in einer überarbeiteten Neuauflage zwischen 2011 und 2004, die „Wehrmachtsaustellung", die von insgesamt weit über einer Million Menschen in praktisch allen größere Städten in Deutschland, Österreich und Luxemburg besucht wurde. Sie diente der Dokumentation und Bewusstmachung der „Verbrechen der Wehrmacht", wie es in ihrem offiziellen Titel hieß.[21] Hier ging es im Wesentlichen darum, in den Worten der Ausstellung, den „Alltag des Verbrechens" deutlich zu machen, der insbesondere die deutsche Kriegsführung bestimmt hatte, und zwar *in breiten Schichten*.

Das Schuldbekenntnis gegenüber dem Dritten Reich hatte vordem oft den „einfachen Soldaten" vernachlässigt. Man konzentrierte sich entweder auf einzelne Großverbrecher und Befehlsgeber, von Hitler bis zu Eichmann, oder auf die dann doch wieder recht unpersönliche Schuld Deutschlands im Allgemeinen. Die Wehrmachtsaustellung sollte, wie es in den Medien hieß das „Ende der Legende der sauberen Wehrmacht"[22] manifestieren und damit die Schuld an den

---

[21] Die erste Ausstellung war „Vernichtungskrieg. Verbrechen der Wehrmacht 1941-1944" betitelt. Die Zweitauflage erhielt den als weniger vorverurteilend gedachten Titel „Verbrechen der Wehrmacht. Dimensionen des Vernichtungskrieges 1941-1944."

[22] Dieses und alle folgenden Zitate, bis zur nächsten Fußnote, folgen dem Eintrag „Wehrmachtsausstellung" im

Verbrechen der Nazizeit nicht mehr nur auf Deutschland pauschal, sondern auf alle einzelnen Väter und Großväter, die im zweiten Weltkrieg Soldaten gewesen waren, zu beziehen. Es ging also um eine Intensivierung der Schuld durch die Dokumentation der Verstrickung fast jedes einzelnen deutschen Mannes, der im 2. Weltkrieg im wehrfähigen Alter gewesen war.

Diese Erweiterung und Verschärfung der Zivilreligion stieß auf beachtlichen Widerstand, insbesondere in konservativen Kreisen, bei Soldatenverbänden, bei Vertriebenenorganisationen und in der rechtsextremen Szene. Man wehrte sich gegen den Versuch, das Schuldbekenntnis der deutschen Öffentlichkeit und vor allem der jungen Generation – die Besucher waren natürlich auch oft und gerne Schulklassen – zu verschärfen und auf eine neue, breitere Basis zu stellen. Es entstand also gewissermaßen ein konfessioneller Streit zwischen denen, die die Zivilreligion intensivieren und radikalisieren wollten und denjenigen, die dies ablehnten. Mit dem Vokabular der US-amerikanischen Religionsgeschichte könnte man bildlich von einem Disput zwischen einer *Revival*-Bewegung, die den Glauben verschärfen und in einer neuen Generation wiederbeleben wollte, und einer teilweise glaubensmüden Gruppe der Bevölkerung sprechen.

Im Rahmen dieser Auseinandersetzung stellte sich heraus, dass die Organisatoren in ihrem Eifer ein wenig zu weit gegangen waren und sich manch peinlicher Fehler eingeschlichen hatte. Einige Fotos, die vorgeblich Opfer von Wehrmachtsverbrechen zeigten, bildeten tatsächlich Opfer der sowjetischen Armee ab. Auch die oft nicht als wissenschaftlich–objektiv, sondern als agitatorisch empfundene Sprache der Dokumentation stieß teilweise auf Ablehnung.

---

deutschsprachigen wikipedia.org, eingesehen am 12. August 2011.

Insbesondere die wissenschaftlichen Schwächen der Ausstellung führten zu einem vorläufigen Rückzug im Jahre 1999. In neu überarbeiteter Form wurde sie dann wieder zwischen 2001 und 2004 noch in einer Reihe weiterer Städte gezeigt. Diese „reformierte" Ausstellung „wurde in den Medien meist als wissenschaftlich und sachlich gelobt." Damit konnte die *Revival*-Bewegung trotz jenes wissenschaftlichen Rückschlags schließlich einen deutlichen Sieg feiern. „Betont wurde von fast allen Rezensenten, dass sie [die Neufassung der Wehrmachtsausstellung] an der Grundthese eines Vernichtungskrieges der Wehrmacht gegen die Sowjetunion festhielt und noch verdeutlichte, dass diese dadurch als Ganze an den dabei stattgefundenen Verbrechen mitschuldig geworden sei." Kurz gesagt: das „Ende der Legende der sauberen Wehrmacht" war besiegelt und die Zivilreligion auf ein noch breiteres und tragfähigeres Fundament gestellt.

Es lohnt sich, noch einen kurzen Blick auf den zeitgeschichtlichen Kontext und den politischen Hintergrund der Organisatoren der Wehrmachtsaustellung zu werfen. Die Ausstellung wurde im Auftrag des „Hamburger Instituts für Sozialforschung" organisiert und innerhalb dessen weitgehend aus den Mitteln des vermögenden „alt-68er" Aktivisten Jan Philipp Reemtsma finanziert. Dies geschah kurz nach der Wiedervereinigung Deutschlands und damit auf dem Höhepunkt der Beliebtheit der konservativen Regierungskoalition unter Kanzler Helmut Kohl. Die Ausstellung riss tiefe Gräben auf zwischen dem rot-grünen Oppositionslager auf der einen Seite und der CDU-CSU auf der anderen. Der, wie es vielleicht zu erwarten gewesen war, Sieg der Ausstellungsbefürworter, insbesondere in der Bewertung der Medien, schadete selbstverständlich dem konservativen Regierungslager und half der Opposition. Insofern mag die Wehrmachtsaustellung ihren zivilreligiösen Beitrag geleistet haben zur dann folgenden Regierungsübernahme durch Rot-Grün.

Die Ausstellung konzentrierte sich zudem auf die Verbrechen der Wehrmacht an der Ostfront, also gegen die kommunistische Sowjetunion und alle unter ihrem Herrschaftsbereich Lebenden. Damit konnte das politisch linke Lager als zum Sympathie verdienenden Opfer geneigt und das rechte als zum schuldigen Täter tendierend verstanden werden. Dies entsprach dem oben bereits erwähnten offiziellen Selbstverständnis der ehemaligen DDR. Insofern kam die Ausstellung auch den Ostbürgern einen Schritt entgegen: Sie konnten sich nun paradoxerweise *zugleich* als Opfer und als Täter begreifen. Einerseits wurden auch sie unmissverständlich dazu aufgefordert, sich eindeutig zur Täterschaft ihrer Väter und Großväter zu bekennen, aber andererseits konnten sie auch für sich reklamieren, als kommunistische Gesellschaft, die Nachfolger der Opfer des Nationalsozialismus gewesen zu sein. Sie kamen dadurch etwas glimpflicher weg als die „neuen" Landsleute im Westen.

Schließlich kann auch noch das über das rein politisch-zivilreligiöse hinausgehende biografische Interesse der Ausstellungsmacher angesprochen werden. Überwiegend der „68er Generation" zugehörig, konnten sie mit Hilfe der Wehrmachtsausstellung einen zentralen Anspruch der damaligen Revolte, nämlich die öffentliche Entlarvung ihrer Väter und Großväter als Faschisten, erfüllen. Die Ausstellung dokumentierte deren Verbrechen auch und gerade als persönliche Verbrechen und machte sie damit persönlich unwürdig und ehrlos. Gleichzeitig konnten die, die sich als Verteidiger jener Generation berufen sahen, als „Ewiggestrige" gebrandmarkt werden und, nicht zuletzt, wurde die Gutheit der Ausstellungsmacher und Befürworter, und damit rückwirkend auch die der „Alt-68er", in ihrem Bekenntnis gegen das Teuflische und der Sichtbarmachung des Bösen, der gesamten Öffentlichkeit deutlich gemacht.

Als Gegenstück zu Holocaust-Mahnmal und Wehrmachtsaustellung kann man das „Zentrum gegen Vertreibungen" und dessen Schicksal ansehen. Dass dieses Projekt bisher nicht verwirklicht werden konnte hat sichtbar zivilreligiöse Gründe. Beim „Zentrum gegen Vertreibungen" handelt es sich um „ein Mitte 1999 vorgestelltes Projekt des Bundes der Vertriebenen (BdV) zur Dokumentation der Vertreibungen des 20. Jahrhunderts, das in Berlin errichtet werden sollte."[23] Dieses Projekt wurde vor allem von einer seinetwegen ins Leben berufenen Stiftung vorangetrieben, deren Vorsitzende die BdV-Präsidentin Erika Steinbach, und, bis zu seinem Tod im Jahre 2005, der SPD-Politiker Peter Glotz waren. Es wurde allerdings bis heute nicht verwirklicht und „seine Konzeption wurde von der deutschen Bundesregierung nicht übernommen."

Warum tut sich Deutschland mit dem „Zentrum gegen Vertreibungen" so schwer? Dies ist einfach zu beantworten. Nicht etwa, weil man das Leid der Vertriebenen im 2. Weltkrieg, und dabei natürlich in erster Linie das der deutschstämmigen ehemaligen Bewohner heutiger russischer, polnischer und tschechischer Gebiete, einfach nicht wahrhaben oder völlig unerwähnt lassen will, sondern weil dessen allzu deutliche Zurschaustellung, noch dazu in der neudeutschen Hauptstadt Berlin und unter etwaiger Schirmherrschaft der deutschen Regierung, den Grundgeboten der Zivilreligion widerspricht und es somit als relativierende Konkurrenz zum Holocaust-Mahnmal angesehen werden konnte.

---

[23]   Dieses und alle folgenden Zitate, bis zur nächsten Fußnote, folgen dem Eintrag „Zentrum gegen Vertreibungen" im deutschsprachigen wikipedia.org, eingesehen am 12. August 2011.

Das zivilreligiöse Problem mit dem „Zentrum gegen Vertreibungen" ist, dass es deutsche als Opfer und nicht als Täter darstellt. Damit betreibt es, metaphorisch gesprochen, Gotteslästerung. Wie gesagt, es geht hier keinesfalls um Leugnung historischer Ereignisse oder den Willen zur Geschichtsverfälschung, sondern allein um zivilreligiöse Kohärenz. Man kann nicht einerseits Schuld und Täterschaft zelebrieren, und sich dann, gleich nebenan, als Opfer gerieren. Das wäre widersprüchlich und glaubenszersetzend. Man kann die „Flucht und Vertreibung von mehr als 15 Millionen Deutschen" durchaus erwähnen und auch als unmenschliches Verbrechen kritisieren, *aber man kann kein Heiligtum dafür errichten!*

Es half dem „Zentrum gegen Vertreibungen" somit nicht einmal, dass sich deren Planer in weiser Voraussicht der Schwierigkeiten, auf die ihr Vorhaben unweigerlich stoßen musste, von vornherein überaus bemüht zeigten, die anklagende Dokumentation der Vertreibung und das Gedenken an ihre Opfer nicht auf Deutschland zu beschränken. Es sollte, anders als das Holocaust-Mahnmal, dass ja den jüdischen Opfern der Nazidiktatur gewidmet ist, ausdrücklich alle in Europa im 20. Jahrhundert Vertriebenen berücksichtigen, also auch unter anderen, Juden, Polen, Balten oder Ukrainer. Genauso wenig half es, wenn Peter Glotz im Jahre 2001 hervorhob, dass es nicht darum gehe „vor allem unsere Erinnerungen [zu] pflegen", sondern „Vertreibungen weltweit zu ächten" und dabei die „Idee des ethnisch homogenen Nationalstaats" zu kritisieren", so dass das Zentrum „ein Beitrag zur Bekämpfung des Rechtsradikalismus und Rechtspopulismus" sein werde. Glotz hoffte dabei offenbar auf Zustimmung der Bevölkerung und der Politik, denn somit erschien das Zentrum ja als anti-nationalistisch und anti-faschistisch und damit völlig im Einklang mit der Zivilreligion. Es sollte auch nicht an die deutsche Opferrolle und damit die Schuld anderer „erinnern" und somit überhaupt nicht in den Gegensatz zum Holocaust-Mahnmal treten, sondern vielmehr nur eine auf eine bessere Zukunft abzielende Ergänzung dazu darstellen.

All dies wurde den Verteidigern des Zentrums jedoch nicht abgenommen. Einerseits war man gegenüber vor allem aus Polen und Tschechien kommender Kritik hellhörig, die hinter dem Zentrum einen verborgenen „Revisionismus" befürchtete, das heißt konkret, einen Rückfalls hinter den Kniefall von Warschau. Man unterstellte, dass das Zentrum einen latenten deutschen Wunsch auf Rückgängigmachung der Vertreibung und auf einen Anspruch auf die ehemals deutschen Gebiete jenseits der Oder-Neiße-Linie ausdrücke. In Deutschland selbst musste natürlich ein solcher, wie auch immer kaschierter „Revisionismus" gegenüber der „großen Geste" Willi Brandts Erschrecken hervorrufen. Man befürchtete, mit dem Zentrum gegen Vertreibung den Kniefall sozusagen aufzuheben, und die dadurch erreichte Wieder-„gut"-Machung der Deutschen selbst zu gefährden.

Andererseits gab es Bedenken, dass das Zentrum „die Hauptursache für die Vertreibung der Deutschen aus Ost- und Mitteleuropa, den Unterjochungs- und Vernichtungskrieg des Deutschen Reiches, aus den Inhalten einer deutschen Vertriebenengedenkstätte weitgehend" ausklammern werde. Das wiederum käme einer direkten Revision des durch die Wehrmachtsaustellung gefestigten Glaubens gleich. Selbst hinter der Vertreibung nämlich, so hatte diese gelehrt, stecken, wegen des Verhaltens der Wehrmacht während des Russlandfeldzuges, deutsche Verbrechen und deutsche Schuld. Während man also zwar die Vertreibung auch als Verbrechen betrachten kann, so muss man dennoch die Ur-Schuld dafür wiederum den Deutschen selbst zuschreiben. Die „große Schuld", so war zu befürchten, würde durch das Zentrum gegen Vertreibungen geschmälert. Daher hatte das Zentrum, zumindest an exponierter Stelle, in der Hauptstadt keine Chance. Stattdessen plante die Bundesregierung von CDU und SPD, festgehalten im damaligen Koalitionsvertrag, „die Gründung einer Berliner Institution, die an die Vertreibung der Millionen Deutschen aus Ost- Mitteleuropa erinnern soll." Was das für eine „Institution" sein soll und wo sie sich befinden wird, scheint jedoch auf unabsehbare Zeit offen zu bleiben.

Die Prediger

Zu einer Religion gehören die Prediger, und das trifft auch für die Zivilreligion zu. Eine wichtige Aufgabe der Prediger ist es, die frohe Botschaft unters Volk zu bringen, und zwar tagtäglich und ins Alltagsleben eingebettet. Sie machen die Arbeit an der Basis, die den Glauben lebendig hält und ihn in der Gesellschaft verankert. Dabei geht es nicht so sehr darum, die Grundgebote und fundamentalen Glaubenssätze fachmännisch zu formulieren, zu prüfen und zu debattieren (das ist die Aufgabe der Theologen, zu denen wir noch kommen) und auch nicht darum, die Institution als solche, die Kirche oder „den ganzen Laden", wenn man so will, zusammenzuhalten, zu kontrollieren und zu überwachen (das ist die Aufgabe des Klerus, zu dem wir auch noch kommen), sondern eher die praktische Anwendung des Glaubens im Volke zu gewährleisten. Die Prediger funktionieren so als eine Art Vorbeter der Gläubigen, die deutlich machen, was man als Rechtgläubiger zu denken und vor allem zu sagen hat. Sie sind die Meinungsmacher, die zu allem, was gerade anfällt, die der Zivilreligion entsprechende Haltung vorgeben.

Im heutigen Deutschland fällt die Rolle der Prediger den in den Medien und in der Erziehung tätigen Menschen zu. Auch das ist traditionell bei den meisten Religionen dementsprechend so gewesen. Der Gottesdienst und kirchliche Schriften waren in einer Gesellschaft wie der des europäischen Mittelalters die wichtigsten allgemein zugänglichen Informationsquellen für das gemeine Volk. Hier erfuhr das einfache Volk, als man noch nicht vorm Bildschirm oder hinter der Zeitung sitzen konnte, was die Welt zusammenhält, was in ihr geschieht, und was das für einen jeden Einzelnen bedeutet. Zugleich nahm sich die

Kirche typischerweise auch der Erziehung der jungen Generation an. Schulen und Universitäten wurden von ihr gegründet, und der Lehrplan wurde von ihr erstellt. So waren es die Prediger, die das Allgemeinwissen der Bevölkerung prägten und selbstverständlich dabei darauf achteten, dass dieses Wissen im Einklang mit den Lehren der Religion verblieb und nicht zu ihr in Widerspruch trat. Das erklärt zum Beispiel, warum einige der bedeutendsten wissenschaftliche Revolutionen – wie die Ablösung der alten Vorstellung von der Erde als Zentrum der Welt durch Kopernikus und Galilei und die Ablösung der alten Schöpfungslehre durch Darwin - zunächst (und im Falle Darwins auch noch heute in den USA) so große Schwierigkeiten hatten, öffentliche Anerkennung zu finden. Die Doppelfunktion der Prediger war es, einerseits in den Schulen und Bildungsanstalten das Grundwissen der Bevölkerung und das heißt nichts anderes als ihr *Weltbild* zu prägen und dieses anderseits im täglichen Leben, durch kirchliche Predigten und religiöse Schriften in den Alltag einzubringen.

Solche Verhältnisse herrschen heute allenfalls noch in Ländern wie dem Iran oder vielleicht Afghanistan. In Deutschland sind die modernen „Prediger" natürlich keine Kirchenmänner oder Kirchenfrauen. Kaum jemand leitet sein Weltbild aus dem Gottesdienst ab, und in der Schule spielt der Religionsunterricht nur noch eine sehr untergeordnete Rolle. Staatlich ausgebildete Lehrer und Journalisten haben heutzutage die Funktion, das allgemeine Weltbild der Bevölkerung zu prägen und es auf das Tagesgeschehen zu beziehen. Die Lehre, die diesem Weltbild zugrunde liegt, wird dabei natürlich auch nicht mehr direkt aus der Bibel hergeleitet, sondern aus den Werten und Glaubensinhalten der herrschenden Zivilreligion.

Die Medien und Bildungsanstalten haben somit, weder heute noch in der Vergangenheit, die Aufgabe, einfach nur zu *informieren*. Die Informationen werden durch Filter wie Schulen, Tageszeitungen oder Fernsehsender zu *Ansichten* transformiert. Der „mündige Bürger", der ja durch Schulen und demokratische Massenmedien geschaffen werden soll, weiß somit nicht bloß Bescheid, sondern hat vor allem auch seine Meinung. Diese Meinungen können und sollen sogar in einem gewissen Rahmen kontrovers sein, sonst wären es ja keine *eigenen* Meinungen. Anders als in der Gesellschaft des Mittelalters geht es also heute, unter dem Dach der Zivilreligion, viel weniger darum, eine ganz bestimmte Ansicht, die alle gleichermaßen teilen müssen, zu verbreiten, sondern darum, den *Rahmen* oder *Spielraum* festzulegen, innerhalb dessen die jeweils eigenen Meinungen als glaubenskonform gelten können. Darin besteht eine wesentliche Aufgabe der Schulen und Massenmedien in heutigen demokratischen und pluralistischen Gesellschaften: Sie müssen diesen Rahmen nicht gesetzlich festlegen (das macht der „Klerus"), sondern sie müssen täglich diesen Rahmen vorzeigen und ihn gemeinsam mit den schon mündigen und erst mündig werdenden Bürgern *einüben*. Wie dieses „einübende Predigen" in Medien und Schulen vor sich geht, will ich nun schildern.

Autobahn geht nicht!

Die praktische Festlegung des Meinungsspielraums, den die deutsche Zivilreligion bereitstellt, kann an einem Beispiel aus der jüngeren deutschen Mediengeschichte gezeigt werden. Dieses Musterbeispiel ist der legendäre Rausschmiss der Eva Herman durch den beliebten Fernsehmann Johannes B. Kerner aus dessen gleichnamiger Talkshow im Herbst 2007.

Hier noch einmal die Geschichte für alle, die es damals vielleicht nicht wahrgenommen haben. Die jetzt ehemalige

TV-Moderatorin Eva Herman hatte mit ihrem Buch *Das Eva-Prinzip* Aufsehen erregt. In diesem Buch vertrat sie, vereinfacht zusammengefasst, die These, dass ein Verzicht von Frauen auf eine berufliche Karriere zu Gunsten der traditionellen Frauenrolle als Hausfrau und Mutter diese durchaus zufrieden machen könne und auch Vorteile für die Kinder im Hause habe. Ihr wurde daraufhin vorgeworfen, sie vertrete eine der Nazizeit entsprechende Vorstellung von Frau und Familie. Zudem schrieb man ihr Aussagen und Wortverwendungen zu, die der Nazisprache entstammten. Somit mache sie sich des Rechtsradikalismus verdächtig. Dies führte, unter anderem, zu ihrer Entlassung durch den Fernsehsender, bei dem sie beschäftigt gewesen war. Die gesamte Angelegenheit wurde in den deutschen Medien ausführlich thematisiert, und so erhielt sie auch die Gelegenheit, in der genannten Talkshow gemeinsam mit drei weiteren geladenen Gästen, darunter die prominente Schauspielerin Senta Berger, eine Diskussion zu führen. Neben dem Moderator und den Gästen war auch noch ein Historiker der Universität Bremen als Fachmann für Nazisprache zugegen.

Im Verlauf der Diskussion wurde Eva Herman vorgeworfen, dass sie sich über die „Gleichschaltung" der deutschen Meiden beschwert habe, die ihre Thesen allesamt in einen rechtsradikalen Zusammenhang stellen würden und sie daher - aus ihrer Sicht in unberechtigter Weise - der politische Nähe zum Nationalsozialismus bezichtigten. Diese Beschwerde aber, so der Vorwurf des Moderators Kerner, bestätige nur ihre problematische Wortwahl, da nämlich auch der Begriff „Gleichschaltung" der Nazisprache entstamme, was auch nachdrücklich von dem anwesenden Historiker bestätigt wurde. Frau Herman verwies im Gegenzug darauf, dass der Ausdruck „Gleichschaltung" in der Gegenwart sehr häufig verwendet werde, unter anderem auch in den sie angreifenden Medien selbst, und dass es deswegen unfair sei, ihr die Verwendung dieses Wortes anzukreiden. Es handele sich eben um einen Begriff, der, auch wenn er der Nazizeit entstamme, allgemein und ohne Nazizusammenhang verwendet werden könne. Sie sagte, zwar dem Historiker, der darauf verwiesen hatte, dass die Nazis diesen Begriff benutzt hätten, recht gebend, aber auch der Kritik entgegnend, dass der Begriff deshalb nicht mehr verwendet werden dürfe: „Natürlich ist er [der Begriff ‚Gleichschaltung'] da benutzt worden, aber es sind auch Autobahnen damals gebaut worden, und wir fahren heute drauf."[24] Kurz darauf sagte der Moderator: „Es gibt so ein paar Sachen ..., die gehen nicht, und Autobahn geht eben auch nicht ... Autobahn geht halt nicht, finde ich." Im weiteren Verlauf der Sendung erregte sich insbesondere Senta Berger augenscheinlich, und gab kund, dass sie wegen der Thesen Frau Hermans und auch weil sie deren Buch gar nicht kenne, die Talkshow nun, offenbar aus Protest gegen Frau Herman, verlassen wolle. Sie sagte: „Ich muss jetzt gehen ... oder aber wir machen, was wir eigentlich auch mal vorgesehen hatten." Unmittelbar auf diese Androhung Bergers hin, forderte der Moderator nun wiederum Frau Herman auf zu gehen, was diese auch tat. Die verbleibenden Gäste führten das Gespräch dann weiter fort.

Es sollte noch angemerkt werden, dass Frau Herman später den Verdacht äußerte, dass ihr Rauswurf von vornherein seitens des Senders Kerners geplant gewesen sei, und dass die anderen Diskussionsteilnehmer darüber vorher in Kenntnis gesetzt worden seien. Frau Herman behauptete, dies wäre dadurch zu beweisen, dass bereits am Morgen vor der Talkshow einige Politiker und Journalisten über den be-

---

[24]   Dieses und alle folgenden Zitate, bis zur nächsten Fußnote, folgen dem Wortlaut der Sendung, die ich am am 12. August 2011 auf *youtube.com* eingesehen und heruntergeladen habe.

vorstehenden Rauswurf informiert worden sein, und dass Frau Berger dies ja auch selbst durch ihre Äußerung „Ich muss jetzt gehen ... oder aber wir machen, was wir eigentlich auch mal vorgesehen hatten" indirekt zugegeben habe.[25]

Schließlich muss erwähnt werden, dass der Verweis Frau Hermanns auf die unter Hitler gebauten Autobahnen notorische Bekanntheit hat. Insbesondere in den siebziger Jahren, zur Zeit der Begründung der deutschen Zivilreligion, wurde seitens der jungen Generation den Vätern und Großvätern gerne vorgeworfen, sie rechtfertigten bestimmte Aspekte der Nazizeit, frei nach dem Motto „Es war ja nicht alles schlecht, was der Hitler gemacht hat, er hat ja auch die Autobahnen gebaut." Aus der Sicht der Zivilreligion war eine solche Haltung nicht akzeptabel, da angesichts der Größe der nationalsozialistischen Verbrechen nur eine strikte Gesamtablehnung der Nazizeit moralisch und politisch vertretbar sei.

Die Kerner-Show zog somit in aller zu wünschenden Klarheit die Grenzen dessen, was in den Medien gesagt werden kann und was nicht: „Autobahn geht nicht!" Natürlich ist die Verwendung dieses Wortes nicht juristisch unter Strafe gestellt, aber dennoch darf man es, im Zusammenhang des von Frau Herman angesprochenen Sachverhaltes, nicht in aller Öffentlichkeit erwähnen. Hier findet sich ein klares Beispiel eines Tabus, das zwar keine Rechtsgrundlage hat, aber gesellschaftlich dennoch sehr wirkungsmächtig ist. Die Wirkkraft des Tabus hat religiöse Ursachen. Über ein Tabu kann man eben gerade nicht reden, das macht es ja zum Tabu. Wer dagegen verstößt, muss vom Gespräch und

---

[25] Vgl. den Wortlaut Eva Hermans bei einem Vortrag in Wien vom 20. Mai 2008, den ich am 12. August 2011 auf *youtube.com* eingesehen und heruntergeladen habe. Das Youtube-Video ist mit „Der geplante Rausschmiss von Eva Herman" betitelt.

damit aus der Gemeinschaft ausgeschlossen werden – oder die Talkshow verlassen. Falls es stimmt, dass der Rauswurf Frau Hermans vorher geplant war, würde der Fall zeigen, wie man solch einen Tabubruch sogar mit gutem zivilreligiösem Gewissen inszenieren kann, um dem Publikum einen wichtigen Lehr- und Glaubensinhalt nahe zu bringen: „Autobahn (etc.) geht nicht!"

Es ist dabei bemerkenswert, dass dieser Rauswurf indirekt, aus der Sicht Frau Hermans, eben das bestätigte, was ihn eingeleitet hatte, nämlich ihre Bemerkung über die „Gleichschaltung" der deutschen Medien, die ich in meiner Terminologie natürlich auf keinen Fall so nennen würde. Ich spreche da lieber von der zivilreligiösen Funktion der Medien, einen bestimmten Meinungsspielraum einzugrenzen. Die Medien unterscheiden das, was geht, von dem was nicht geht, und alles, was in den Ohren der Prediger nationalsozialistisch klingt, geht eben nicht. Frau Herman nannte das „Gleichschaltung", aber das sollte sie nicht.

Interessant an dieser Angelegenheit ist, dass der Vorwurf gegen Frau Hermans Gebrauch des Wortes „Gleichschaltung" logisch falsch ist. Frau Herman hatte dieses Wort ja *ablehnend* verwendet und damit gerade nicht im nationalsozialistischen Sinne. Die Nazis hatten, wie es der Historiker in der Kerner-Sendung selbst sagte, im Gegenteil eine Gleichschaltungspolitik von politischen und anderen Organisationen in Deutschland *befürwortet*. Der Fachmann hätte somit, der Logik nach, Frau Herman dafür loben müssen, dass sie etwas, das in der Nazizeit gut gefunden wurde, heute schlecht findet. Das tat er aber nicht. Und warum nicht? Weil natürlich die zivilreligiösen Medien einen solchen Vorwurf ungeheuerlich finden müssen, da sie dadurch umgekehrt, durch Frau Herman, selbst in die nationalsozialistische Ecke geschoben wurden, was natürlich fundamental ihrem zivilreligiösen Selbstverständnis widerspricht. Die Medien der Zivilreligion stehen im Gegensatz zu allem Nationalsozialistischen, und damit natürlich auch im Gegensatz zu jedweder Gleichschaltung. Um diese Gegnerschaft gegen jede Gleichschaltung zu untermauern, stellen sie zugleich die Verwendung des Wortes Gleichschaltung, insbesondere, wenn dies kritisch gegen sie angeführt wird, unter ein Tabu. Man darf also die nationalsozialistische Gleichschaltung und die Verwendung dieses Wort anprangern (wie der „kritische" Bremer Historiker), aber keinesfalls das Wort anprangernd mit den neudeutschen zivilreligiösen Medien in Verbindung bringen (wie Frau Herman). Dadurch setzt man sich, wie dieses Beispiel zeigt, paradoxer-, oder ironischer- oder absurderweise durch dessen *anti*-faschistische Verwendung dem *Faschismusvorwurf* aus.

Logisch gesehen ist schließlich auch der Autobahn-Vorwurf gegen Frau Herman falsch. Sie hatte damit nämlich nur beschreibend festgestellt, dass man vieles, was man in der Nazizeit gebraucht hatte, nämlich beispielsweise das Wort „Gleichschaltung" und die Autobahnen, auch noch heute gebraucht, und dass man ihr nicht etwas vorwerfen solle, was praktisch alle, und insbesondere auch ihre Kritiker, ununterbrochen selbst machen. Die Feststellung, dass sowohl die Wörter Gleichschaltung als auch Autobahn sowohl in der Nazizeit als auch im Deutschland der Gegenwart, benutzt werden, ist ebenso banal wie offensichtlich zutreffend, enthält aber noch keine Wertung. Will man, was gar nicht notwendig ist, überhaupt eine Wertung in Frau Hermans Aussage hineininterpretieren, dann müsste man, der Logik der Analogie entsprechend, folgern, dass Frau Herman Autobahnen schlecht findet, da sie ja offensichtlich die Gleichschaltung als schlecht dargestellt hatte. Das wäre aber wohl übers Ziel hinausgeschossen. In der Tat sagte eben Frau Herman nur, dass man Autobahnen heute noch gebraucht, aber keinesfalls, dass der Autobahnbau eine gute Sache war, die Hitler gemacht habe – sie sagte gar nichts darüber, ob der Gebrauch von solchen Sachen gut oder schlecht ist. Insofern ist auch die Aussage Kerners „Autobahn geht nicht" hier logisch falsch, da Frau Hermans Aussage inhaltlich keinesfalls auf das Motto „Es war ja nicht alles schlecht, was der Hitler gemacht hat, er hat ja auch die Autobahnen gebaut" hinausgeht, denn sie hatte ja *nichts* gesagt, das auf das Motto „Es war ja nicht alles schlecht, was der Hitler gemacht hat, er hat ja auch die Gleichschaltung gemacht" schließen ließe. Aber zivilreligiöse Prediger und Historiker kommunizieren, wie die Prediger und Geschichtsschreiber vieler anderer Religionen auch, ja oft gerade nicht logisch.[26]

Zivilreligionsunterricht

Nicht nur in den Medien, sondern auch in der Schule wird oft nicht bloß logisch gedacht oder geredet, und dementsprechend geht es auch dort beim Üben oft nicht zuletzt darum, bestimmte Denk- Rede- und Glaubensformen einzustudieren, anstatt einfach nur Informationen zu vermitteln. Das war – traditionell - insbesondere im Religionsunterricht so. Heutzutage geschieht dies allerdings mehr innerhalb eines - natürlich nicht als Zivilreligionsunterricht bezeichneten - Teiles der Geschichtsstunden, nämlich in dem, der sich mit der Zeit des Nationalsozialismus befasst:

Um zu sehen, wie dies organisiert ist, kann man einfach in die offiziellen Lehrpläne Deutschlands hineinschauen. Ich habe denjenigen Hessens ausgewählt, vertraue dabei je-

---

[26] Insbesondere zur Rolle des Bremer Historikers am „Katzentisch" dieser Talkshow empfehle ich nachdrücklich das youtube.com Video von Max Goldt mit dem Titel „Max Goldt über Eva Hermans_ TV-Skandal_.

doch darauf, dass sich in den Lehrplänen der anderen Bundesländer ganz Ähnliches findet. Hier liest man, in der umständlichen Sprache solcher Dokumente, die folgende Anordnung für Geschichtslehrer zum Unterricht über die Nazizeit:

Das Hauptanliegen des Unterrichts muss bei diesem Thema sein, die Schülerinnen und Schüler dazu zu motivieren, in einen Prozess der reflexiven Auseinandersetzung mit der Zeit der nationalsozialistischen Diktatur einzutreten, in dessen Verlauf ihnen bewusst wird, dass es hier, über die reine Kenntnisnahme der Fakten hinaus, um die Frage von individueller Schuld und historischer Verantwortung geht, der sich auch ihre Generation zu stellen hat. ... Zentrales Unterrichtsziel ist also nicht nur, wie bei allen anderen Kursthemen auch, ein auf ein hinreichendes Fundament an Kenntnissen gegründetes historisches Urteilsvermögen, sondern darüber hinaus das Wissen um die besondere Schuld und Verantwortung, die in diesem Fall die eigene Geschichte jedem Deutschen auferlegt.[27]

Das ist, zumindest wenn man es langsam oder zweimal liest, klar und deutlich. Die Behandlung der Nazizeit im Geschichtsunterricht muss etwas besonders „Anderes" sein, als die Behandlung aller weiteren Themen! Hier ist das „Hauptanliegen" nicht mehr, „ein auf ein hinreichendes Fundament an Kenntnissen gegründetes historisches Urteilsvermögen" bei den Lernenden zu erwirken, sondern um die „Bewusstwerdung" von „individueller Schuld" und einer aus dieser resultierenden Verantwortung, die, wie es schlicht als Tatsache erwähnt wird, „jedem Deutschen auferlegt" ist, und

---

[27]   Zitiert nach dem im Internet zu findenden *Lehrplan Geschichte. Gymnasialer Bildungsgang. Jahrgangsstufen 6 bis 13.* Hessisches Kultusministerium, 2011. Seite 51.

zwar wegen der „eigenen Geschichte". Das, was hier gelehrt werden soll, wird als ein „Wissen um die[se] besondere Verantwortung" bezeichnet.

Aus dem Text lassen sich drei Arten von „Wissen" ableiten, die im Geschichtsunterricht, aber natürlich auch in der Schule überhaupt, vermittelt werden sollen. Da ist zunächst das nackte „Wissen was", oder die „Kenntnisnahme der Fakten." Man lernt, was ein gleichschenkliges Dreieck oder was der Vertrag von Versaille ist. Dann lernt man aber auch ein „Wissen wie", welches in der „reflexiven Auseinandersetzung" zum Ausdruck kommt. Man lernt ja nicht nur Lesen, Schreiben und Rechnen, sondern darauf aufbauend auch dieses produktiv zu tun, das heißt man lernt, komplexe Argumente oder auch mathematische Beweise oder physikalische Theorien zu verstehen, zu formulieren und auch zu kritisieren. Schließlich gibt es aber noch eine dritte Art von Wissen, wie aus dem Lehrplan eindeutig hervorgeht, der ja besagt, dass die beiden ersten Arten des Wissens, wenn es um die Nazizeit geht, nicht „Hauptanliegen des Unterrichts" sein dürfen. Dieses besondere Wissen ist das „Wissen um", wie es im hessischen Lehrplan heißt.

Was für ein Wissen ist dieses „Wissen um" im Unterschied zum „Wissen was" und zum „Wissen wie"? In der Sprache des Lehrplans ist es ein Wissen, das sich in „Bewusstwerdung", oder konkret in individueller Schuld-Bewusstwerdung und Verantwortungs-Bewusstwerdung zeigt. Es ist damit nicht nur moralisches Wissen, als Wissen darüber, was mehr oder weniger objektiv gut und was böse ist, sondern es ist (zivil-)religiöses Wissen, dass „jedem Deutschen" subjektiv eingeprägt werden muss. Es geht also um Bewusstseinsbildung oder Bewusstseinsschulung in einer zugleich allgemeinen *und persönlichen* Glaubenssache. Wie jeder Glaube, muss der Glaube dabei nicht allein innerlich sein, sondern auch in bestimmten Formen öffentlich zum

Ausdruck kommen, das heißt in Bekenntnissen, zum Bei-
spiel zu einer ausnahmslos „jedem Deutschen" auferlegten
Schuld oder Verantwortung. Es geht, religiös gesprochen,
um die Bewusstmachung der Erbsünde, die uns alle zum
Volk der Täter macht, und jedem Einzelnen eine besondere
Verantwortung zu bestimmten Worten, Denkweisen und Taten auferlegt, über die uns der Geschichtsunterricht über die
Nazizeit, im Unterschied zu allen anderen Geschichtsstunden, belehrt - und die er mit uns *einübt*. Nochmal in aller
Deutlichkeit: Über ein „Fundament an Kenntnissen" und
ebenso ausdrücklich auch über ein „historisches Urteilsvermögen" hinaus, muss man hier lernen, Schuld und Verantwortung persönlich zu empfinden und wahrzunehmen. Das
ist nichts anders, als das, was vordem im Religionsunterricht geschah oder wenigstens geschehen sollte. Einen bestimmten traditionell religiösen Glauben kann und darf
heute keine Schule mehr „jedem Deutschen" gleichermaßen
vermitteln, einen zivilreligiösen aber schon!

Konkret gesagt heißt dies, dass wenn wir Bilder von den
Verbrechen der Hitlerzeit sehen, zum Beispiel in der Wehrmachtsausstellung, oder beim Schulausflug ins ehemalige
Konzentrationslager. Dann sollen alle Schüler dabei nicht
nur bloß verstehen, was da passiert ist und zudem, dass das,
was passiert ein rechtliches und moralisches Verbrechen
war, sondern vor allem soll ein psychisch-emotionales indi-
viduelles Schuldgefühl und ein daraus erwachsendes - wie
man hofft - Verantwortungsbewusstsein für diese konkreten
Verbrechen entstehen. Hier muss man nicht in erster Linie
lernen, welche Verbrechen stattgefunden haben, sondern für
welches konkrete Verbrechen jemand individuelle Verantwortung trägt – ohne das vorher so gewusst zu haben (denn
was schon bewusst ist, kann ja nicht mehr bewusst gemacht
werden). Auch muss man lernen, in welchen Worten und
durch welche Gesten und Einstellungen diesem Bewusstsein

Ausdruck verliehen werden kann.

An dieser Stelle ist es vielleicht geboten, den Blick einmal von der „reinen Lehre" abzuwenden und in ein wirkliches deutsches Klassenzimmer hineinzuschauen. Hier eine schöne Szene im Originalton, aufgezeichnet im Jahre 2001 während einer Geschichtsstunde in der zwölften Jahrgangsstufe an einem wiederum hessischen Gymnasium:

Schüler Mathias: „ Herr Pauly, wie sieht eigentlich der, (--) der Geschichtsunterricht dann so in absehbarer Zeit aus, wie lang bearbeiten wir jetzt noch das, äh, den, also NS//NS-Staat, und was machen wir danach?"
Geschichtslehrer Pauly: „ Wir bearbeiten das ganze Halbjahr den NS-Staat."
Anonymer Schüler 1: „ Puuhh!"
Anonymer Schüler 2: „ Uhuu!"
Geschichtslehrer Pauly: „ In ein paar ausgewählten, äh, Schwerpunkten."
Anonymer Schüler 3: „ Die NS Traumatik!"[28]

Ich muss sagen, das erinnert mich doch stark an meine eigene Schulzeit, und insbesondere an den Geschichts- und Religionsunterricht. Dazu noch eine persönliche Bemerkung. Als ich in den oben zitierten hessischen Lehrplan von 2011 schaute, war ich überrascht, wie relativ wenig Schulstunden für die Nazi-Zeit und den 2. Weltkrieg vorgesehen sind, nämlich lediglich 16 von insgesamt 52 Stunden im zehnten Schuljahr, und dann noch mal ein halbes Jahr allge-

---

[28] In der Form verändert, aber dem Wortlaut nach zitiert aus Oliver Hollstein, Wolfgang Meseth, Christine Müller-Mahnkopp, Matthias Proske, Frank-Olaf Radtke, *Nationalsozialismus im Geschichtsunterricht. Beobachtungen unterrichtlicher Kommunikation. Bericht zu einer Pilotstudie.* Frankfurt/M.: Universität Frankfurt, Fachbereich Erziehungswiss. 2002. Seite 38.

mein zu „Modernität und Antimodernität in der Zeit der Weimarer Republik und des Nationalsozialismus" in der Jahrgangsstufe Zwölf.[29] Entweder war der Lehrplan vor zehn Jahren noch anders, oder Lehrer Pauly hatte es sich da der Einfachheit halber erlaubt, dieses doch recht komplexe Thema ein wenig zu straffen („Wir bearbeiten das ganze Halbjahr den NS-Staat"). Auch in meiner eigenen Erinnerung hatten wir uns damals wesentlich länger mit der Nazi-Zeit befasst als im Lehrplan vorgesehen, aber wahrscheinlich habe ich nur eine stärkere Erinnerung an die neunte und zehnte Klasse als an die früheren Jahre. Trotzdem kommt es mir, und da bin ich sicher nicht alleine, immer noch so vor, als ob wir im Geschichtsunterricht fast nur Nationalsozialismus, zumindest in Bezug auf deutsche Geschichte, gemacht hatten, und dass dasselbe Thema auch in anderen Fächern (Deutsch, Religion, Sozialkunde) immer wieder zur Sprache kam.

In der meiner Ansicht nach sehr aufschlussreichen Studie zum *Nationalsozialismus im Geschichtsunterricht*, die die oben zitierte Szene dokumentiert, setzen sich die Autoren eingehend mit der Frage auseinander, an welche Grenzen die im hessischen Lehrplan ausgesprochene Zielsetzung zivilreligiöser Bewusstseinsbildung (diesen Ausdruck verwenden die Autoren der Studie natürlich nicht, sie sprechen statt dessen zum Beispiel von „hohen moralischen Aspirationen der gedenkpädagogischen Programme"[30]) in der Pra-

---

[29] Siehe den im Internet zu findenden *Lehrplan Geschichte. Gymnasialer Bildungsgang. Jahrgangsstufen 6 bis 13.* Hessisches Kultusministerium, 2011. Seite 9-10.

[30] Oliver Hollstein, Wolfgang Meseth, Christine Müller-Mahnkopp, Matthias Proske, Frank-Olaf Radtke, *Nationalsozialismus im Geschichtsunterricht. Beobachtungen unterrichtlicher Kommunikation. Bericht zu einer Pilotstudie.* Frankfurt/M.: Universität Frankfurt, Fachbereich Erziehungswiss. 2002. Seite 157.

xis stößt. Sie kommen dabei unter anderem zu folgenden sechs Schlussfolgerungen, die ich allesamt als hochgradig plausibel empfinde und vor allem als meine eigene Hauptthese bestätigend (was jene Autoren selbst jedoch weder beabsichtigen noch tun), nämlich die, dass es sich beim öffentlichen Umgang mit der Nazi-Zeit, insbesondere in den Medien und in der Schule, um ein zivilreligiöses Phänomen handelt.

In der Studie kommt klar zum Ausdruck, dass an den Nazi-Zeit-Geschichtsunterricht, im Unterschied zu praktisch allen anderen Fächern, die Vorstellung geknüpft ist, dass damit „die Verbesserung der Gesellschaft ... durch die Veränderung des Bewusstseins einzelner Individuen, insbesondere der nachkommenden Generation", herbeigeführt werden könne und solle, und dass der Schule „dabei eine aufklärende Führungsaufgabe" zukomme.[31] Das besagt nichts anderes, als dass explizit diesem Teil des Geschichtsunterrichts jetzt genau jene Funktion zugeschrieben wird, die zuvor dem Religionsunterricht innewohnte, und dass dementsprechend nun gerade die Geschichts-Lehrer zu den Predigern von heute geworden sind.

Zweitens wird in der Studie gezeigt, dass dieses hehre Ziele der „Verbesserung der Gesellschaft ... durch die Veränderung des Bewusstseins einzelner Individuen", im Geschichtsunterricht heute genauso wenig tatsächlich verwirklicht werden kann wie früher im Religionsunterricht. Was statt dessen wirklich geschieht, ist wiederum dasselbe, was auch der Religionsunterricht leistete, nämlich, jetzt nicht den Umgang mit Religion, sondern „den bereits institutionalisierten Umgang mit Geschichte durch Habitualisierung, sprachliche Kategorisierung, Internalisierung von Erwartungen, aber auch Reflexion und Kritik einzuüben und den Konsens öffentlichen Redens damit zu erhärten, sozial

---

[31]   Ebd., S. 168.

zu verankern und fortzuschreiben."[32] Das heißt nichts anderes als: Was im „Bewusstsein" der Schüler und Schülerinnen verändert wird und ob die Gesellschaft verbessert wird, lässt sich nicht berechnen. Was jedoch erreicht wird ist, dass die junge Generation übt, wie sie zivilreligiös zu reden und zu handeln hat. Wie die Studie sagt, wird so der „Konsens öffentlichen Redens damit" erhärtet, sozial verankert und fortgeschrieben. Das hört sich aber leider ziemlich nach „Gleichschaltung" an, weswegen auch zivilreligiös besorgte Menschen, eine solches Ergebnis, nämlich dass es bloß zur „Einübung in die sozial gültig gemachten Redeweisen"[33] im Geschichtsunterricht kommt, „irritierend" finden.[34] Das soll ja gerade nicht geschehen, dass die Zivilreligion lediglich herunter gebetet wird. Der wirklich Gläubige will ja, dass der Religionsunterricht die Herzen verändert und die Seelen errettet.

Drittens wird auf eine bestimmte Gegenstrategie hingewiesen, die andere Schülervölker auch schon dem Religionsunterricht sowie politisch indoktrinierenden Lehrveranstaltungen gegenüber entwickelt haben, nämlich „schwarzen Humor" und Ironie. Gerade Teenager haben eine gewisse Neigung zu Tabu-Verletzungen, insbesondere durch Witz oder Satire. Da kann der Nazi-Unterricht zum gefundenen Fressen werden – was natürlich auf Prediger oft wiederum stark „irritierend" wirkt, wodurch es dann leicht

---

[32] Ebd. S. 168

[33] Ebd. S. 167

[34] So äußert sich Zeno Ackermann in seiner Rezension der auf die Pilotstudie folgenden Publikation , Wolfgang Meseth, Matthias Proske und Frank-Olaf Radtke, *Schule und Nationalsozialismus: Anspruch und Grenzen des Geschichtsunterrichts*. Frankfurt/M. Campus, 2004. In *H-Soz-u-Kult*, Juni 2005. Zitiert nach http://h-net.msu.edu/cgi-bin/logbrowse.pl

zu einer „quasi politischen, gänzlich unpädagogischen ‚Schülerbeschimpfung'"[35] durch Lehrer-Prediger kommen kann - was die kontraproduktive Wirkung des Unterrichts leider häufig nur verstärkt.

Viertens wird ein eigentlich offenkundiges Missverständnis der Schüler durch die Lehrer und das Schulsystem angesprochen: Selbstverständlich wissen doch alle Schüler schon um die Nazi-Zeit und das „jedem Deutschen" dadurch auferlegte Schuld- und Verantwortungsbewusstsein. Sie schauen doch auch Fernsehen und haben Internet. So wie Schüler früher die Religion schon lange aus der Kirche kannten, so kennen sie heute die Zivilreligion schon lange aus den Medien. Daher ist der NS-Geschichtsunterricht für sie ungefähr so aufregend und neu wie ein Sexualaufklärungsunterricht in der zwölften Klasse wäre. Und deswegen muss man sehen, dass „der Unterricht erstens die Einsozialisierung in den gesellschaftlich institutionalisierten Konsens zum Thema ‚Nationalsozialismus und Holocaust' *voraussetzt* und zweitens Einstellungsänderungen selbst *pädagogisch nicht erwirken* kann."[36] Die Schule täuscht sich also paradoxerweise doppelt: Was sie meint, bewusst machen zu müssen, ist schon bewusst, und gerade deswegen wird es durch die Wiederholung in der Schule statt intensiviert oft nur unterhöhlt. Die oben zitierten Äußerungen „Puuhh!" und Uhuu!" als Reaktion auf die Aussicht eines halben Jahres Nazi-Zeit-Geschichtsunterricht in der zwölften Klasse sind zwar zivilreligiös blasphemisch und skandalös, aber es

---

[35] Oliver Hollstein, Wolfgang Meseth, Christine Müller-Mahnkopp, Matthias Proske, Frank-Olaf Radtke, *Nationalsozialismus im Geschichtsunterricht. Beobachtungen unterrichtlicher Kommunikation. Bericht zu einer Pilotstudie.* Frankfurt/M.: Universität Frankfurt, Fachbereich Erziehungswiss, 2002. S. 166

[36] Ebd. S. 167. Hervorhebungen im Original.

ist eben das Schicksal praktisch jeder Religion, dass sie gerade solche Überdruss-Blasphemien erzeugt.

Ein fünftes Problem mit dem NS-Geschichtsunterricht hängt mit den gesellschaftlichen Veränderungen seit dem *Aufbruch* der Zivilreligion in den späten 60er und frühen 70er Jahren des letzten Jahrhunderts zusammen. Es ist wiederum ein häufig zu beobachtendes Schicksal vieler Religionen, dass sie es schwer haben, mit der Zeit zu gehen. In der Gesellschaft passieren Dinge oft sehr schnell, während Religionen ja typischerweise für die Ewigkeit konzipiert sind und daher ihre Grundsätze nur ungern modifizieren. Erinnern wir uns: Wie der hessische Lehrplan sagt – und wie es die überwiegende Mehrheit der Deutschen sicher gerne bestätigt – geht die Zivilreligion und ihr Schuld- und Verantwortungsbekenntnis „jeden Deutschen" wegen der „eigenen Geschichte" ausnahmslos an. Stellen wir uns nun aber anderseits ein deutsches Klassenzimmer im Jahre 2011 vor, oder, sagen wir, die Fußballnationalmannschaft, die ja viele Spieler hat, die noch vor nicht allzu langer Zeit die deutsche Schulbank drückten. Inwiefern sollen, müssen, oder können sich denn Mesut Özil, Miroslav Klose oder Jerome Boateng mit dieser Schuld und Verantwortung, die ihnen „individuell" und aufgrund ihrer „eigenen Geschichte" zufällt, identifizieren. *Den* Deutschen, falls es ihn überhaupt jemals gegeben haben sollte, gibt es doch – meiner Ansicht nach sehr zum Glück – in der Realität gar nicht. Nochmal, was soll denn der Özil machen? Hätten wir ihm vielleicht besser in der Schule beibringen sollen, er stehe in der Verantwortung für den Völkermord an den Armeniern aufgrund seiner „eigenen Geschichte"? Und wieso steht Miroslav Klose, als in Polen geborener, in der Verantwortung für die Verbrechen, die die Wehrmacht dort begangen hat? Was hat Jerome Boateng, mit seinen afrikanischen Vorfahren, an Schuld und Verantwortung für den NS-Rassismus gegenüber „Negern" zu tragen? Sind die drei, wenn sie vielleicht nicht so recht in dieser Angelegenheit einzuordnen sind, nun „weniger" deutsch?

Nochmal in aller Deutlichkeit: Bei der Zivilreligion geht es ausdrücklich nicht darum, die Verbrechen der Nazi-Zeit bloß zu kennen und moralisch und rechtlich korrekt als Verbrechen zu identifizieren, es geht ausdrücklich nicht „in der Hauptsache" um „wissen was" und „wissen wie", sondern um „wissen um". Kann, muss und soll man von so vielen deutschen Nationalspielern und Schülern mit Migrationshintergrund realistisch ein solches zivilreligiöses „wissen um" tatsächlich einfordern? Und wenn man das nicht tun will, wie kann man es dann von denen, die neben ihnen in der Schule sitzen? Wäre es richtig, wenn man sagt, dass Mesut, Miroslav und Jerome sich nicht persönlich schuldig fühlen müssen, aber Philipp, Bastian und Manuel, weil sie eben „richtig" weiß und deutsch sind, sehr wohl? Wie für fast jede Religion ist es auch für die Zivilreligion schwer, sich mit ihren universellen und undifferenzierten Ansprüchen an alle - kulturell und ethnisch vielfältigen - Mitglieder der Gesellschaft auf die Dauer zu behaupten.

Damit kommen wir zu einem weiteren Punkt, in denen ich mich von den Autoren der Studie zum *Nationalsozialismus im Geschichtsunterricht* bestätigt sehe, nämlich der Tatsache - natürlich in meinen und nicht den Worten der Autoren gesagt - dass sich unter den Predigern der Zivilreligion sehr viele „Ewiggestrige" befinden, nämlich jene Gründerheroen der 68-Generation, die ihr „Marsch durch die Institutionen" in die Schulen und Bildungsministerien geführt hat. Hier noch einmal die Studie:

„Die besondere Bedeutung der NS-Geschichte für das Selbstverständnis der Bundesrepublik ist als Resultat einer spezifischen Generationenkonstellation zu deuten. Die lange

Jahre zwischen der Tätergeneration und ihren Nachkommen, der sogenannten 68er-Generation, kontrovers verhandelten Fragen nach persönlicher wie kollektiver Schuld, historischer Verantwortung und gesellschaftlicher Bedeutung der NS-Geschichte haben sich zu einem relativ einheitlichen Geschichtsbild verdichtet. In diesem Geschichtsbild artikuliert sich ein Umgang mit der Vergangenheit, für den sowohl das Erinnern und Gedenken an die Opfer als auch die moralische Bedeutung der Vergangenheit für die Gegenwart eine zentrale Rolle spielen."[37]

Und:

„Zeitgeschichtlich fällt die Entstehung dieses Unterrichtsmaterials in eine Phase, in der die bis dahin gültige Form der Beschäftigung mit der NS-Geschichte an deutschen Schulen vor dem Hintergrund der umfassenden Curriculum-Revision Ende der 60-er/Anfang der 70er Jahre kritisiert und nachhaltig verändert wurde. Inspiriert durch die kulturell-gesellschaftliche Umbruchphase und die gesellschaftskritischen Positionen der sogenannten 68er-Generation, stellte die Geschichtsdidaktik ihr bisheriges Programm von einer reinen Stoffbezogenheit auf Lernzielorientierung um und etablierte den Gesichtsunterricht vor allem auch über die NS-Zeit als politischen, gesellschafts- und ideologiekritischen Unterricht."[38]

All den Alt-68ern in den deutschen Bildungsanstalten, den Redaktionsstuben und ehemals im Außenministerium möchte man manchmal zurufen: „*The times they are a-*

---

[37] Ebd. S. 14.
[38] Ebd. S. 52.

changing! In eurer Zivilreligion steckt inzwischen der *Muff der Talare*"![39]

---

[39]   Ein Schlagwort der 68-er Generation in ihrem Protest gegen die alteingesessenen Universitätsprofessoren war: „Unter den Talaren: Muff von tausend Jahren!"

Der Klerus

Über den Predigern steht der Klerus. Er hat die Macht inne, und somit befindet er sich, wenn es sich um eine Zivilreligion handelt, zuerst in der Politik. Anders als bei den Predigern, für die die Basisarbeit im Vordergrund steht, ist der Klerus für das mehr Grundsätzliche zuständig. Er weist die generelle Richtung an, legt die Regelungen fest, und kontrolliert ihre Anwendung. Dadurch geht seine Tätigkeit über die Politik im engeren Sinne hinaus. Wie man weiß, wird die Macht in der modernen Zivilgesellschaft normalerweise dreigeteilt in Legislative, Exekutive und Judikative. Diese Gewaltenteilung betrifft auch den zivilreligiösen Klerus, der sich dementsprechend auch im Recht und der Verwaltung wiederfindet. Anders als die Prediger, die in Medienorganisationen und Schulen beschäftigt sind, sitzt der Klerus in den Parteien. Da es in der deutschen Demokratie natürlich mehrere davon gibt, tritt er somit in unterschiedlichen Farben, oder, bildlich gesprochen, Konfessionen auf.

Wie bereits erwähnt wurde, ist es für Religionen, einschließlich ihrer zivilen Varianten, typisch, dass sich unterschiedliche Strömungen entwickeln, die, auf der Basis gemeinsamer Werte und gemeinsamer Götter, oft unterschiedliche Intensitätsgrade der Bindung an diese Werte und Götter repräsentieren. Manche sind eher strenggläubig und, wie man heute sagt, fundamentalistisch, während andere eher pragmatisch ausgerichtet sind. Ähnliche Unterscheidungen sind, was die Zivilreligion betrifft, in der deutschen Politik spürbar. Während die eine Partei den Geboten möglichst kompromisslos zu folgen versucht, kann eine andere es auch schon mal aus praktischen Gründen nicht so genau nehmen. Welche Partei nun in welcher Frage mehr fundamentalistisch und welche mehr realistisch ist, ist nicht zwangsläufig gesagt, sondern hängt von der jeweiligen Angelegenheit und tagespolitischen Umständen ab. Auch bei den christlichen Konfessionen sind ja in manchen Fragen die Protestanten fundamentalistischer, was zum Beispiel in den USA die Ablehnung der Evolutionslehre betrifft, während sich in anderen Fragen, zum Beispiel der Verwendung von Kondomen, die Katholische Kirche strenger verhält. Es ist schwer, darin eine Glaubenslogik zu entdecken, die einerseits amerikanische Protestanten notwendig evolutionsfeindlich machen würde und andererseits vatikanische Katholiken notwendig kondomfeindlich. In beiden Fällen haben sich in diesen Fragen in diesen Organisationen fundamentalistischere gegen realistischere Haltungen durchgesetzt.

Wenn sich einmal fundamentalistische Haltungen in einer Religionsgemeinschaft durchgesetzt haben, dann kommt es leicht zu Verschärfungen der Positionen, so dass die andere Seite schlimmer Glaubensverletzungen verdächtigt werden kann. Und das kann auch bei Zivilreligionen passieren. Es kann gefährlich werden, wenn jemand oder dessen Ansichten oder Handlungen in den USA als „unamerikanisch" bezeichnet werden. Als in diesem Sinne „undeutsch" – wobei natürlich gerade *nicht* dieses bereits von den Nationalsozialisten gebrauchte Wort verwendet wird - gilt im zivilreligiösen Deutschland, was in irgendeiner Form mit Rechtsradikalität in Verbindung gebracht werden kann.[40]

---

[40]   Gerade Ausländern, die mit der deutschen Zivilreligion nicht besonders vertraut sind, fällt es bisweilen schwer, sich hier korrekt zu verhalten und so können politische Missverständnisse entstehen. Der chilenische Präsident Sebastian Piñera hatte bei seinem Staatsbesuch in Berlin im Herbst 2010 unter anderem die Zeile „Deutschland über alles" ins Gästebuch des Bundespräsidialamtes geschrieben. Das

Eine Zentralfrage der deutschen Politik ist, seit etwa zehn Jahren in verschärfter Form, die Einwanderungs- oder Ausländerpolitik. Die politische Diskussion dieses Themas ist, unter dem Einfluss der Zivilreligion gerade in Deutschland, eine Glaubensfrage. Sie ist völlig durchdrungen von einem - manchmal klar ausgesprochenen, manchmal unausgesprochenen - Nationalsozialismusnähe-Verdacht. Dies wurde gerade wieder an der Diskussion um das Thilo-Sarrazin-Buch *Deutschland schafft sich ab* deutlich, dessen Verfasser dabei nur knapp der Exkommunizierung, sprich dem Parteiausschluss entging. Wer, ganz allgemein als „für Einwanderung" und damit als „für Ausländer" angesehen wird, macht sich von dem Verdacht frei, und wer als „dagegen" erscheinen, zieht den Verdacht auf sich.

Dass Einwanderungspolitik übrigens gar nicht unbedingt notwendig und logischerweise mit Glaubensfragen zu tun haben muss, zeigt das Beispiel Kanada, eines typischen Einwanderungslandes. Während dort zwar auch die Einwanderungspolitik ein zentrales gesellschaftliches Thema ist, werden die Haltungen dazu viel weniger mit der politischen rechtsradikal/nicht-rechtsradikal Unterscheidung gleichgesetzt. Welche Folgen ein zivilreligiöser Umgang mit solchen gesellschaftspolitischen Fragen durch die Politik, also durch den „Klerus", haben kann, zeigt ein Beispiel, das zumindest im nicht-europäischen Ausland, wo man mit der deutschen Zivilreligion oft wenig vertraut ist, als recht merkwürdig wahrgenommen werden kann:

---

war, wie er später versicherte, nur nett gemeint gewesen; er habe dabei nicht an Nazi-Deutschland, sondern an Bismarck gedacht. Dennoch sah er sich veranlasst, sich für diese Widmung öffentlich und schriftlich für die durch den Vers erweckten rechtsradikalen Assoziationen zu entschuldigen. (Vgl. den Artikel „Piñera entschuldigt sich für ‚Deutschland über alles' in der *Welt* vom 26. 10. 2010, eingesehen bei welt.de.)

Ein zentrales Gebot der deutschen Zivilreligion ist der Anti-Nationalismus und Anti-Rassismus. Dieses Gebot wird positiv umgekehrt zum Gebot, ein „multikulturelles" oder ethnisch-plurales Deutschland zu begrüßen und zu fördern. Hier nochmal eine persönliche Bemerkung zu dieser Sache. Da ich mich einerseits weder übermäßig deutsch fühle und andererseits selbst Einwanderer bin, bin auch ich selbstverständlich für Einwanderung und ethnische Pluralität, und zwar nicht nur in Bezug auf Deutschland, sondern im Allgemeinen. Inhaltlich habe ich nicht das Geringste gegen dieses Gebot einzuwenden. Ein Problem tritt erst dann auf, wenn dieses Thema nicht mehr realistisch-pragmatisch, sondern fundamentalistisch behandelt wird – und wenn ein zivilreligiöser Klerus die Macht hat, darüber zu entscheiden.

Zu den offensichtlichen gesellschaftlichen Problemen in Deutschland zählen die miteinander verknüpften Felder der Arbeitslosigkeit, Armut und Kriminalität junger Menschen. Das ist natürlich erstens kein spezifisch deutsches Phänomen und zweitens so komplex, dass es nicht auf ein oder zwei Hauptursachen zurückgeführt werden kann. Zum spezifischen Ausmaß und zur Form des Problems in Deutschland hat jedoch eine ungewöhnliche und, soweit ich sehe, weltweit einmalige einwanderungspolitische Maßnahme deutscher Politiker beigetragen, die meiner Ansicht nach in erster Linie zivilreligiös motiviert war. Ich spreche dabei von der berüchtigten „Visa-Affäre" in Folge des sogenannten „Fischer-Erlasses" (der manchmal auch als Volmer-Erlass bezeichnet wird).

Bei dem Fischer-Erlass handelt es sich um einen „Runderlass" des damals von den beiden Grünen-Politikern Joschka Fischer (Außenminister) und Ludger Volmer (Staatsminister im Auswärtigen Amt) geleiteten deutschen Außenministeriums aus dem Jahre 2000. Es wurde eine verbindliche Anweisung an deutsche Botschaften und Konsulate im Ausland gegeben, „bei der Verteilung von Visa unbürokratischer zu verfahren."[41] Konkret wurde als Prinzip genannt: *in dubio pro libertate* – auf Deutsch: „im Zweifel für die (Reise-)Freiheit". Es wurde somit weitgehend auf die Kontrolle der sogenannten „Rückkehrbereitschaft" und der finanziellen Unabhängigkeit der Einreisenden verzichtet. Das wiederum führte in der Praxis zur „zehntausendfachen Erschleichung von Visa", insbesondere in der Ukraine, wobei kriminelle Organisationen nachweislich eine große Anzahl von osteuropäischen Bürgern, vor allem jüngeren Alters, nach Deutschland zu schleusen in der Lage waren. In den Jahren 2000 bis 2002 wurden alleine von der deutschen Botschaft in Kiew so rund eine dreiviertel Million Einreisevisa ausgestellt.

Auf Drängen des damaligen Innenministers Otto Schily (ein ehemaliger Politiker der Grünen, der aber zur SPD gewechselt war) und der CDU/CSU Opposition geriet der Fischer-Erlass zunehmend in die Kritik. Schily hob hervor, dass der Erlass „teilweise rechtswidrig" sei und „im Widerspruch zum Ausländergesetz und dem Abkommen von Schengen" stehe. Das Landgericht Köln nahm die Verurteilung eines wegen „bandenmäßiger Menschenschleusung" Angeklagten zum Anlass, dem Außenministerium vorzuwerfen, es habe dessen Straftaten „durch ‚schweres Fehlverhalten Vorschub geleistet'", was nichts anderes bedeutet als den Vorwurf „indirekt" Menschenhandel gefördert zu haben. Der gesellschaftliche und politische Druck führte schließlich zur Rücknahme des Fischer-Erlasses durch die rot-grüne Regierung selbst im Oktober 2004. Im Rahmen eines vom deutschen Bundestag eingesetzten Untersu-

---

[41] Dieses und alle folgenden Zitate sowie die genannten Fakten folgen bis zur nächsten Fußnote dem Eintrag „Visa-Affäre" im deutschsprachigen wikipedia.org, eingesehen am 12. August 2011.

chungsausschuss zur Visa-Affäre „räumte Joschka Fischer öffentlich Fehler ein", verteidigte aber zugleich auch wesentliche Aspekte des Erlasses. Ludger Volmer trat im Februar 2005 aufgrund von Korruptionsvorwürfen in direktem Zusammenhang mit der Visa-Affäre „als außenpolitischer Sprecher der Bundestagsfraktion der Grünen und seinem Sitz im Auswärtigen Ausschuss zurück."

Im Untersuchungsausschuss des Bundestages, zu dem wie üblich Mitglieder aller Parteien gehörten, blieb es umstritten „ob es durch den Erlass zu einer Erhöhung von Straftaten kam." Sowohl Fischer als auch Volmer „bewerteten mögliche Schäden durch eine Einschränkung von Reisefreiheit höher als diejenigen Schäden, die durch missbrauchte Visavergabe entstanden seien." Als Beispiel für mögliche Schäden durch eine Einschränkung der Reisefreiheit wurde auf „die Versagung eines Visums für einen Patienten, der in Deutschland an einem Hirntumor operiert werden musste" hingewiesen.

Ich halte es für äußerst fragwürdig, ob Besorgnis um die Visaverteilung für Schwerkranke der wirkliche Anlass für die Entscheidungen der Grünenpolitiker war. Ebenso problematisch erscheint mir die Behauptung, dass der Visa-Erlass mehr Schaden verhinderte als anrichtete. Ist es so, dass die Schäden, die Schwerkranke vermieden, die durch den Erlass Visa erhielten und die sie sonst nicht bekommen hätten, die Schäden aufwiegen, die seitdem von vielen, die sonst nicht hätten kommen können, selbst erlitten oder anderen zugefügt wurden ? Man denke nur an die vielen (Zwangs-)Prostituierten, die sich hinter „bandenmäßiger Menschenschleusung" verbergen, und die so nach Deutschland und in andere europäische Länder geschleust wurden. Aber die grünen Politiker haben selbstverständlich ein reines Gewissen, denn sie haben ja im Geiste der deutschen Schuldbekenntnis und dem daraus folgenden Ausländerfreundlichkeitsgebot „Politik" gemacht, und das wiegt das (weitgehend fehlende) Schuldbekenntnis gegenüber den ukrainischen und anderen Leidtragenden ihrer Politik demgemäß auf jeden Fall mehr als auf.

Es kann wohl zweifelsfrei gesagt werden, dass es keinen wirklich guten praktischen Grund dafür gab, einen solchen, zudem noch europäischem Recht widersprechenden, Erlass zu erteilen. Die tatsächlichen Gründe dafür sind daher wohl zutreffender von dem Botschafter a. D. Ernst-Jörg von Studnitz formuliert worden als „Umsetzung grüner Ideologie in praktische Politik". Die „grüne Ideologie" ist allerdings nicht bloß grün. Sie ist zivilreligiös und hält Einwanderung nach Deutschland für prinzipiell so gut, dass man dabei vernachlässigen kann, wie diese wirklich vor sich geht und welche Folgen sie sowohl für die Einwanderer als auch für die Einwohner, die schon da sind, hat. Einschränkung von Einwanderung ist aus fundamentalistisch - zivilreligiöser Perspektive prinzipiell schlecht, während der Abbau solcher Beschränkungen prinzipiell gebotskonform ist. Zivilreligiöse Überzeugung macht hier offenbar blind für die Realität.

An die Stelle einer zum Beispiel in Kanada stattfindenden politischen Diskussion, wie Einwanderung am besten und zum Nutzen aller Beteiligten zu organisieren ist, tritt ein an den konkreten Einwanderern völlig vorbeigehender *innerdeutscher* Wettbewerb innerhalb des zivilreligiösen Klerus darum, wer als der Frömmste gelten darf. Die Einwanderungspolitik wird zur Gelegenheit für einen Machtkampf um *zivilreligiöses Prestige*. Denn darum ging es bei der Visapolitik der Grünen wirklich, nämlich ein Signal dafür zu geben, dass die Grünen die zivilreligiös beste, die am wenigsten rechtsradikale und ausländerfreundlichste aller deutschen Parteien sind. Sie sind diejenigen, die das Gebot der Ausländerfreundlichkeit am fundamentalistischsten praktizieren. Auf diese Weise haben sich die Grünpopulisten, auf dem Rücken der Einwanderer, in bestimmten Kreisen der *heimischen* Bevölkerung, die für die von ihnen geweckten Emotionen empfindlich sind, zumindest zeitweise profiliert.

Die Grünpopulisten sind so nichts anderes als das zivilreligiöse Spiegelbild der mit ihnen in Konkurrenz befindlichen Rechtspopulisten. Beide buhlen, an unterschiedlichen Enden des zivilreligiösen Spektrums, mit ideologischen - und nicht pragmatischen - Positionen um politische Sympathie. Dabei geht es, wie das bei Populismus üblich ist, nicht zuerst darum, mit gesellschaftlichen Problemen fertig zu werden, sondern aus diesen gegenüber aufkommenden Gefühlswallungen politisch Kapital für die eigene Karriere zu schlagen. Schärfer formuliert: Während die Rechtspopulisten die im Volk vorhandene Angst vor Fremden anschüren und davon profitieren, schüren die Grünpopulisten das im Volk vorhandene Schuldbewusstsein und profitieren davon. Die zivilreligiöse Antwort auf diesen Vorwurf kann ich gleich schon vorwegnehmen. Der Klerus wird da sagen: Aber die Schuld ist doch *gut und richtig*, und wie kann man sie mit dem *bösen und falschen* Teufel der Fremdenangst vergleichen? Heidnisch betrachtet aber sind Schuldgefühle ebenso wie Angstgefühle emotional wirksam, und beide können gleichermaßen populistisch zur Selbstrechtfertigung und zur Rechtfertigung einer offensichtlich schädlichen Politik benutzt werden. Dass eine Schuld zu Recht besteht, bedeutet ja nicht zugleich, dass die auf sie bezogenen Schuldgefühle und Ängste uneingeschränkt „richtig" sein müssen.

Zivilreligiös besonders bemerkenswert ist an der Visa-Affäre nicht so sehr, dass es sich dabei um eine ideologisch motivierte politische Fehlentscheidung handelt – das passiert tagtäglich überall – sondern dass selbst als die tragischen Folgen der Entscheidung für sehr viele Menschen offenbar wurden, die dafür verantwortlichen Grünen-Politiker die Entscheidung immer noch für im Grunde richtig hielten. Das ist wiederum religiös zu erklären. Wenn religiöse Glaubenssätze auf fundamentalistische Weise für wahr und richtig gehalten werden, dann kann selbst der Schaden, den die auf ihnen fußenden Maßnahmen anrichten, oft von den Fundamentalisten einfach nicht wahrgenommen werden. Was im Prinzip so gut ist, kann ja einfach keine schlechten Auswirkungen haben, höchstens einige zu vernachlässigende Nebenwirkungen, die zum Beispiel durch „Missbrauch" eigentlich guter Regelungen zu erklären sind – so wie eben der Außenminister Fischer auch, nach eigener Aussage, nicht sehen konnte, was an der Sache so besonders schlimm gewesen wäre. Ist das die Ignoranz des Klerus oder dessen Arroganz – oder beides?

Die offizielle Haltung der Grünenführung in der Visa-Affäre erinnert mich, um noch einmal ihre religiöse Dimension zu betonen, an die Haltung der katholischen Kirche zu Kondomen in Afrika. Die konkreten Leiden Aidskranker, die in Afrika durch einen häufigeren Gebrauch von Kondomen verhindert werden könnten, wiegen nach der Ansicht des Vatikans nicht den Schaden auf, der durch Kondomgebrauch an einem ihrer Grundprinzipien angerichtet würde, und welcher, wiederum dessen Ansicht nach, dann eben auch die afrikanischen Gesellschaften und ihre Menschen korrumpieren und schlechter machen würde. Der Blick für fundamentale Grundsätze verzerrt in beiden Fällen, trotz ihrer klar unterschiedlichen Dimensionen, die Wahrnehmung einer eigentlich offen vor Augen liegenden Realität. Ich kann mir gut vorstellen, dass es sowohl unter dem katholischen wie unter dem grünen Fußvolk durchaus vom Klerus abweichende Haltungen in jenen beiden Fragen gab oder gibt. Aber die Aufgabe des Klerus innerhalb einer Religionsgemeinschaft ist es eben, die „reine Lehre" auch wirklich rein und somit die „Schäfchen" zusammen zu halten.

Dass ich hier im Zusammenhang mit dem Klerus in der deutschen Zivilreligion insbesondere auf die Grünen verweise ist nicht zufällig. Die Geschichte der neu-deutschen Zivilreligion und die dieser Partei hängen sehr eng zusammen. Während der *take off* der Zivilreligion zwar ihren symbolischen Ausdruck im Kniefall von Warschau, also in der Geste eines SPD-Politikers hatte, und während sie heute von allen Parteien (jedenfalls den im Bundestag vertretenen) standhaft verfochten wird, sind ihr die Grünen dennoch wesensmäßiger verknüpft. Die SPD hat ja bekanntermaßen ihre Wurzeln in der Arbeiterbewegung, die CDU im Christentum, und die Linke im Kommunismus. Die Grünen aber haben ihre Wurzeln in der Alt-68er-Bewegung und damit in der Zivilreligion. Der politische Aufstieg dieser Partei hat in Personalunion mit dem „Marsch durch die Institutionen" stattgefunden. Das Durchsickern und die Verbreitung grünen Denkens in der *Gesamtbevölkerung* – man denke an den breiten Konsens gegen Atomenergie in Deutschland, der so in keinem anderen mir bekannten Land der Welt, noch nicht einmal in Japan nach Fukushima, besteht, verlief genau parallel mit der Verbreitung der Zivilreligion. Um nochmal daran zu erinnern: Wie der Leser der *Frankfurter Rundschau* treffen sagte: Deutschland war 1970 noch nicht „gut". Richtig „gut" ist Deutschland erst mit den Grünen geworden, und teilweise auch durch sie. Die Grünen repräsentieren vorneweg den heutigen deutschen sogenannten „Gutmenschen".

Werfen wir einen kurzen Blick auf die Geschichte dieser Partei: Sie entstand in der BRD „als Zusammenschluss eines breiten Spektrums politischer und sozialer Bewegungen der 1970er Jahre. Wesentlich getragen wurde die Parteigründung von der Ökologie-, der Anti-Atomkraft-, der Friedens- sowie der Frauenbewegung. Die politische Bandbreite reichte von den einflussreichen K-Gruppen im Gefolge der Studentenbewegung der 1960er Jahre bis zu konservativen Umweltschützern."[42] Dieser „Zusammenschluss" führte 1980 zur Gründung der Bundespartei *Die Grünen*. Kurz nach der Parteigründung verließ die Gruppe der „konservativen Umweltschützer" um den früher einmal der CDU angehört habenden Herbert Gruhl jedoch die Partei. Diesem Flügel hatten viele ältere „Prä-68er" angehört, die noch aus der alten, heute kaum noch bekannten Volksmusik-Naturreinheit-und-Geistige-Werte-Szene stammten. Nach dieser frühen Selbstreinigung und nach dem Abebben der Alt-68er Studentenprotest-Aktivitäten, bzw. deren Spaltung in eine sich gesellschaftlich etablierende große Mehrheit und kleine, radikale und zum Teil terroristische Splittergruppen, bestanden *Die Grünen* nun im Kern aus den langsam älter werdenden und sich dabei verbürgerlichenden Masse der 68er-Aktivisten. Dazu nur einige Beispiele: Joschka Fischer, Otto Schily (der dann später zur SPD wechselte), Daniel Cohn-Bendit und auch Winfried Kretschmann habe alle zunächst in der 68er-Szene und dann erst bei den *Grünen* ihre Politisierung durchgemacht.

In eine Krise wurde die Partei durch den Mauerfall Deutschlands gestürzt, was eben auch mit ihrer Alt-68er-Identität zusammenhing. In der DDR gab es ja keine Alt-68er, so dass bei den ersten Bundestagswahlen nach der Wiedervereinigung im Osten fast niemand grün wählte, und die Partei an der 5%-Hürde scheiterte. Nach stetigem und fast potentialem Wachstum in den 80er-Jahren (von 1.5% Stimmenanteil bei der Bundestagswahl 1980 auf 8.3% im Jahr 1987), traf die deutsche Einheit die Grünen zunächst

---

[42]   Dieses und alle folgenden Zitate sowie die genannten Fakten folgen bis zur nächsten Fußnote dem Eintrag „Bündnis 90/Die Grünen" im deutschsprachigen wikipedia.org, eingesehen am 12. August 2011.

hart. Dabei half anfangs auch der „Beitritt" der ostdeutschen Gruppierung Bündnis 90 nicht, die vor allem die Bürgerrechtsbewegung der ehemaligen DDR repräsentierte. Deren Beitritt führte innerparteilich jedoch zu einer zweiten „Säuberung", und zwar diesmal vom linken Flügel der Partei, der immer noch mit Sozialismus oder Kommunismus sympathisierte, was natürlich mit den DDR-Bürgerrechtlern kaum zu machen war. So konsolidierte die Partei sich mehr in der Mitte des politischen Spektrums, konnte auf Bundesebene in den 90er Jahren zwischen 6% und 8% der Stimmen erzielen, also etwas weniger als noch 1987, dafür aber genug, um wieder in den Bundestag zu kommen und dabei sogar ab 1998 mit der SPD die Regierung zu bilden.

Nicht zuletzt aufgrund der Beliebtheit und Bekanntheit der Grünpopulisten Joschka Fischer wurde aus der Konsolidierung der 90er Jahre ein erneuter Zuwachs im ersten Jahrzehnt des neuen Jahrtausends: Man konnte schon 2002 die alte Bestmarke von 1987 knapp übertreffen, und kam dann 2009 auf beachtliche 10.7 Prozent. Inzwischen hat ein zweites äußerliches Ereignis, nach der für die Grünen politisch schlechten Wiedervereinigung, eine erneute Schicksalswendung herbeigeführt und die Partei in ungeahnte Höhen katapultiert: Der für die Grünen - politisch wie vom Himmel gesandte Atomunfall in Fukushima - kann die Partei derzeit hoffen lassen, ihren Stimmenanteil bei den nächsten Bundestagswahlen nochmals zu steigern. Ein gefundeneres Fressen konnte es für die Grünpopulisten und ihr Spiel mit der Angst der deutschen Bevölkerung vor einem verheerenden Kraftwerk-GAU nicht geben.

Auf bloß ideologischer Ebene ist der Zusammenhang zwischen Zivilreligion und den *Grünen* zunächst nicht sehr deutlich zu sehen. Sie sind ja zuallererst gegen Atomkraft und für die Umwelt, was beides nicht besonders viel mit der NS-Zeit und der Kriegsschuld zu tun hat. Vom Extrem-Pazifismus hat sich die Partei zudem durch den Realo-Fundamentalisten Fischer inzwischen verabschiedet. Und gegen Nationalismus und für Menschenrechte sind ja alle anderen auch. Wenn man genauer hin sieht, zeigt sich aber eben doch eine merkwürdige Synchronität zwischen der Grünen-Geschichte und der der Zivilreligion. Als Religion ist die Zivilreligion ja eben nicht direkt in ein bestimmtes politisches Programm zu übersetzen. Was eine Partei zivilreligiös macht, ist die spirituelle Nähe oder Verbundenheit zu, wenn man so sagen will, der „Glaubensmentalität". Das Ringen um eine solche Nähe sieht man insbesondere im US-amerikanischen Wahlkampf immer ganz deutlich, wo es stets darum geht, sich als die etwas besseren Amerikaner zu präsentieren, was mal den Republikanern und mal den Demokraten gelingt. Wenn man aber aufs heutige Deutschland schaut, so haben die Grünen hier derzeit ein deutliches „Momentum".

Erstens sind die *Die Grünen* als sich selbst so verstehende „Alternativ-Partei" insbesondere dadurch anders als die anderen großen Parteien, dass sie sich nicht als *deutsche* Partei bezeichnen: Sie haben zum Beispiel im Unterschied zu ihrer größten Konkurrenz, der SPD, kein „D" in ihrem Namen. Das drückte die Partei nie deutlicher aus als im Wiedervereinigungswahlkampf, wo sie mit dem Slogan antrat: „Alle reden von Deutschland. Wir reden vom Wetter". Weil das aber sozusagen BRD-Zivilreligion pur war, und es die im Osten gar nicht gab, knickte man zunächst ein. Der Osten musste erst noch bekehrt werden.

Unter den Wiedervereinigungs-Umständen präsentierten sich sowohl CDU als auch SPD als Deutschlandparteien. Das war kurzfristig erfolgreich, hatte aber, wie man heute sieht, langfristig auch Nachteile. Denn als sich das dann innerhalb eines Jahrzehntes die Zivilreligion, zumindest halbwegs, auch im Osten angekommen war, wie bereits dargestellt unter anderem mit Hilfe von Wehrmachtsausstellung, Holocaust-Denkmal, etc., wurden die Karten neu verteilt. Wenn man heutzutage im Osten nicht Links-Wähler ist, dann kann man die Grünen inzwischen genauso wählen wie alle anderen Parteien, auch wenn die Grünen kein „D" im Namen haben.

Die Grünen sind nicht nur eine Umweltpartei, sie sind auch die am Wenigsten „deutsche" aller überhaupt konkurrenzfähigen Parteien in Deutschland, und das ist es, was sie der Zivilreligion so nahe bringt und beider Schicksal miteinander verknüpft. So sehr wie keine andere Partei bekennen sich *Die Grünen* – nicht zur Nazi-Schuld, denn das tun alle gleichermaßen, so dass man sich dadurch politisch überhaupt nicht auszeichnen kann – sondern zur „multikulturellen Gesellschaft". Die Grünen sehen sich gerne als buntes Völkchen und nicht als Volkspartei im alten Sinne – und genau das macht sie, wieder mal paradoxerweise, *zur zivilreligiösen Volkspartei*.

Und so gilt Folgendes: „Viele früher als radikal geltende Forderungen der Grünen sind in der Mitte der Gesellschaft angekommen, wurden während der rot-grünen Regierungsjahre durchgesetzt und von nachfolgenden CDU-geführten Regierungen nicht rückgängig gemacht. Dazu gehör[t] ... die Reform des Staatsbürgerschaftsrechts und der Zuwanderung (von der Union mit einer Unterschriftenliste bekämpft)." Und da landet man wieder bei Visa-Affäre und deren ideologisch-zivilreligiösem Kern: Wie keine andere Partei haben sich die Grünen in einem der wenigen politischen Bereiche, in denen zivilreligiöse Differenzen zwischen den Parteien bestehen, als zivilreligiös besonders glaubenskonform positioniert. Sie sind am meisten anti-nationalistisch. Dass das nicht widerspruchsfrei geht, habe ich im vorhergehenden Kapitel zu zeigen versucht. So ist man, aus zivilreligiösen Gründen, uneingeschränkt für Einwanderung nicht-Deutscher, hält aber trotzdem natürlich notwendigerweise an der Pflicht zum deutschen Schuldbekenntnis fest. Ob das auf die Dauer gut gehen wird?

Schließlich noch ein zweiter Punkt, der die Grünen zu einem so fruchtbaren Boden für den zivilreligiösen Klerus macht. Man hat gesehen, wie die Geschichte dieser Partei mit der Zivilreligion verknüpft ist; die Alt-68er haben hier wichtige Kardinalposten inne. Und was sind diese „Kardinäle" für Leute – und wer gehört nicht dazu? Nicht dazu gehören die nicht recht Bekehrten im Osten und die breiten Unterschichten, die der Religion gegenüber seit jeher tendenziell eher abgestumpft sind. Wohl aber diese Bevölkerungsgruppen: „Den höchsten Wert aller Parteien erzielen *Bündnis 90/Die Grünen* bei dem Mitgliederanteil mit abgeschlossenem Hochschulstudium. Dieser liegt bei 58 Prozent. Hoch ist mit 41 Prozent auch der Anteil der Konfessionslosen. Dieser ist nur bei der Linkspartei mit dort 97 Prozent deutlich höher. Unter den bei den Grünen vertretenen Berufen fällt die starke Präsenz der Beamten auf, die mit 37 Prozent stärker vertreten sind, als alle anderen Berufsgruppen." Da haben wir sie wieder: Die Journalisten und die Lehrer, die Richter und Angestellten, diejenigen, die die *Tagesschau* ansehen und den *Spiegel* lesen, und natürlich nicht zuletzt die, die nicht mehr in die Kirchen gehen, weil sie ja jetzt *eine andere Religion* haben.

Naturgemäß ganz ähnlich sieht es bei denen aus, die diesen Klerus ins Amt heben und ihn dort halten: „Grüne Wähler gelten als überdurchschnittlich gebildet (zu 62 Prozent Abitur oder Fachhochschulreife), haben ein ebenso überdurchschnittliches Haushaltsnettoeinkommen (2317 Euro) und sind relativ jung (durchschnittlich 38,1 Jahre). Seit den 1990er Jahren erschlossen die Grünen neue Wählerschichten und hatten unter den nachwachsenden Jungwählern starken Zulauf. Frauen wählen häufiger als Männer die Grünen.

Bei der Bundestagswahl 2009 erzielten Bündnis 90/Die Grünen bei Wählerinnen 13 Prozent gegenüber 9 Prozent bei den Männern. Unter den grünen Wählern sind Dienstleistungsberufe besonders repräsentiert. Die Beamten machten zwar mit 18 Prozent bei der Bundestagswahl 2009 den größten Anteil der grünen Wähler aus, derjenige der Selbstständigen, der 1987 nur ein Prozent ausgemacht hatte, war jedoch auf 14 Prozent angestiegen, so dass diese inzwischen die zweitstärkste Gruppe unter den Wählern bilden." Da wären also wieder die politischen Medienkonsumenten oder „Bildungsbürger", zu denen nicht mehr allein Beamte und Medienmenschen gehören, sondern auch Selbständige, dann die Frauen (die immer schon lieber in die Kirche gingen als Männer), und selbstverständlich auch die Lehrer und die von ihnen erzogenen Schüler und Studenten: Also wieder ziemlich genau die Gruppen der Prediger und deren Schäfchen, von denen im vorigen Kapitel die Rede war. So ist es jetzt an der Zeit, ein Auge auf diese Schäfchen zu werfen.

Die Gläubigen: Schafe im Wolfspelz

Die Jack-Wolfskin-Generation

Der gläubige Mensch verleiht seiner Überzeugung gerne öffentlich Ausdruck durch bestimmte Kleidungsgewohnheiten. Der Sikh trägt seinen Turban, die fromme Muslimin geht nicht ohne Kopftuch aus dem Haus, und der deutsche Zivilreligiöse trägt, insbesondere bei seinen Lieblingstätigkeit, also in der Freizeit und im Urlaub (was früher einmal das „Wandern" war, weshalb man ja auch im Englischen das Wort *wanderlust* kennt) ein passendes *Outfit* der Firma *Jack Wolfskin*. Liebe Leser und Leserinnen! Ich hoffe sehr, Sie sind jetzt nicht beleidigt und es ist durchaus nicht persönlich gemeint: Vor nicht allzu langer Zeit hat man doch auch einmal von der „Generation Golf" gesprochen, und wollte damit doch auch nicht irgendwelche Golffahrer schlecht machen. Dies ist doch nur bildlich gesprochen. Ich selbst hätte überhaupt kein Problem damit, etwas von *Jack Wolfskin* zu tragen und habe früher auch einmal einen *Golf* gefahren. Viele meiner besten Freunde und nächsten Verwandten, die ich sehr schätze, tragen *Jack Wolfskin*, und das ist völlig in Ordnung!

Ebenso wie der *Golf* eines der besten und erfolgreichsten je in Deutschland hergestellte Autos ist, produziert *Jack Wolfskin* (allerdings nicht in Deutschland, sondern in Vietnam und Thailand[43]) qualitativ ausgesprochen gute Kleidung und stellt zudem eine wirtschaftliche Erfolgsgeschichte dar, auf die Deutschland stolz sein kann.

---

[43] Diese Information sowie alle folgenden Zitate sowie die genannten Fakten folgen bis zur nächsten Fußnote dem Eintrag „*Jack Wolfskin*" im deutschsprachigen wikipedia.org, eingesehen am 12. August 2011.

Die Marke wurde von einem deutschen „self-made-Mann" und Mittelständler aus Hanau begründet und ist inzwischen zur Weltmarke expandiert. Bereits im Jahre 2001 konnte der einstmalig kleine Spezialhersteller für den Fachhandel, der damals schon den breiten Markt erobert hatte, für 42 Millionen Euro ins Ausland an eine Gesellschaft namens *Bain Capital* verkauft werden. Das war aber erst der Anfang. Bereits 2005 übernahmen Quadriga Capital und Barclays Private Equity die Firma für mehr als den doppelten Preis, nämlich 93 Millionen Euro. Und das war ein Schnäppchen! Denn 2011 wurde die Marke von dem Londoner Finanzinvestor Blackstone für, wie von Branchenexperten geschätzt, sagenhafte 700 Millionen Euro erworben.[44] Wenn man häufig Fußballspiele am Fernsehen verfolgt sieht man wie, was die Werbung angeht, diese Firma offenbar mühelos mit jeder Weltmarke, die etwas mit Sport und Freizeit zu tun hat, finanziell konkurrieren kann. Insbesondere deutsche Stadien sind einerseits mit *Jack-Wolfskin*-Werbung gepflastert, und so ist es auch andererseits nicht verwunderlich, dass viele Zuschauer, wenn sie nicht gerade Vereinsfarben tragen, auch irgendein Produkt dieser Firma dabei haben.

Jack Wolfskin entstammt, genau wie die *Grünen* und die deutsche Zivilreligion der westdeutschen Alt-68er-Generation. Die Marke und ihr Vorgänger, die Firma Sine, war ursprünglich in den 70er und 80er Jahren des letzten Jahrhunderts eine Art Geheimtipp unter Globetrottern, Abenteuerreisenden und „Aussteigern", einer Bevölkerungsgruppe also, die dank ihrer Naturverbundenheit und Weltoffenheit bei den Grünen ihre natürliche politische Heimat fand. Mit dem politische Wachstum der Grünen, und dem religiösen Wachstum der Zivilreligion ging das wirt-

---

[44]   Siehe dazu auch den Bericht der ARD *Tagesschau*
       „Blackstone kauft *Jack Wolfskin*" vom 21. Juli 2011,
       eingesehen auf tagesschau.de.

schaftliche Wachstum der Firma Schritt für Schritt voran. So wie die Grünen heute praktisch Volkspartei sind und die Zivilreligion Volksreligion ist, ist Jack *Wolfskin* heute - nicht der Volks-Wagen (das war oder ist ja der *Golf*) – sondern die Volks-Kleidung der Nation. Alle vier (grüne Ideologie, deutsche Zivilreligion, *Golf, Jack Wolfskin*) werden und wurden dabei auch, jedoch mit unterschiedlichem Erfolg, ins Ausland exportiert.

Ein Blick auf die Marke *Jack Wolfskin* offenbart einige Paradoxien, die, zumindest im übertragenen Sinne, solche der Zivilreligion widerspiegeln. Das sieht man, wenn man sich die Versprechen vergegenwärtigt, die der Markenname impliziert. „*Jack Wolfskin*" – das klingt zuerst mal nach wilder Echtheit und natürlicher Authentizität. Handelt es sich dabei etwa sogar um den Namen des Firmengründers, vielleicht einen Amerikaner, der jahrelang einsam durch Alaska gezogen ist? Das ist übrigens nicht der Fall, der Firmengründer heißt Ulrich Dausien. Man denkt, auch wenn nur unbewusst, an Jack London, an Holzfäller und Schlittenhunde, und natürlich an den Wolf, dessen Image ja vom „bösen Wolf" zum romantischen Helden mutierte. Man denkt an das Heulen des einsamen Wolfes, der nachts bei sternklarem Himmel und frischer Luft seinen Kopf dem Mond entgegenreckt. Zudem verbindet man den Namen mit Opposition zur Konsumgesellschaft und der Absage an einen bürgerlichen Lebensstil. *Jack Wolfskin* muss der Name eines Menschen sein, der nicht viel besitzt außer dem, was er am Leibe trägt, der in einer kargen, aber einladenden Holzhütte wohnt, der sich nichts aus Konventionen oder der bürgerlichen Familie macht, der kein Auto hat, oder wenn überhaupt, dann keinen neuen VW, sondern einen alten, rostigen *Pick-Up-Truck*. Er muss ein uriger Kerl sein, aber irgendwie auch sehr sympathisch und natürlich und unverkrampft.

In Wirklichkeit aber ist der Name selbstverständlich ein

Kunstprodukt, bewusst konstruiert, um gerade all jene Vorstellungen zu wecken, um auf diese Weise aus verkaufspsychologischen Gründen mehr - und für einen höheren Preis - Produkte einer bestimmten Firma verkaufen zu können. Der Name ist als das Gegenteil von dem, was man mit ihm verbindet. Er selbst ist nicht authentisch und echt, und vor allem auch nicht auf Anti-Konsum oder Anti-Bürgertum-Haltungen gegründet, sondern offensichtlich auf kapitalistische Markteinschätzungen. Er soll Reichtum und gesellschaftlichen Erfolg bringen, was ihm ja auch auf außerordentliche Weise gelungen ist. Man findet *Jack Wolfskin* nicht irgendwo im Wald oder im ewigen Eis, sondern am Flughafen oder in der Innenstadt. Man kann sich auch nicht einfach zu ihm ans Lagerfeuer setzen, und er hält seinen *Pick-Up-Truck* nicht an, um einen mitzunehmen, wenn man abends eine einsame Straße entlang geht. Im Gegenteil, er schließt sein Haus und sein Auto vorsichtig ab und achtet beim Feuermachen darauf, dass alles versicherungstechnisch ordentlich vor sich geht. So ganz unverkrampft ist er nicht.

Jack Wolfskin ist also in Wirklichkeit kein Hundeschlittenfahrer aus Alaska, es handelt sich bei ihm um einen deutschen Beamten, Lehrer oder Arzt. Und er hat die dementsprechenden politischen Überzeugungen, zivilreligiösen Glaubensgrundsätze - und natürlich auch das dementsprechende Monatsgehalt, denn sonst könnte er sich seine *Jack-Wolfskin*-Klamotten gar nicht leisten, und noch viel weniger die Flugtickets für seine Fernreisen. Wahrscheinlich hätte er dafür noch nicht einmal die nötige Freizeit. Damit repräsentiert *Jack Wolfskin* eine Paradoxie der deutschen Zivilreligion: Sie klingt so authentisch und anti-konservativ, ist aber gerade das nicht. Sie entstammt nicht dem Ressentiment der Schlechtweggekommenen (aus dem sich nach Nietzsche das Christentum speiste), sondern dem bourgeoisen *Leerheitsgefühl der Gutweggekommenen.* Sie verspricht eine besondere Echtheit und Authentizität, eine einfache Wiedergutwerdung, mit der man (aber das ist natürlich hoffnungslos) der spießbürgerlichen Existenz entkommen will, und bezüglich derer man sich eben gerade nicht von vorherigen Generationen unterscheidet, sondern der man nur *ein anderes Gewand geschneidert* hat. *Jack Wolfskin* ist der Pelz des modernen Spießbürgers, mit dem er seine Spießbürgerlichkeit vor sich selbst zu verheimlichen sucht.

Der Name „Jack Wolfskin" klingt nicht allein authentisch und natürlich, sondern vor allem natürlich vor allem *nicht deutsch. Jack Wolfskin* ist ein Ausländer, ein Kosmopolit. Er kommt vielleicht aus Alaska oder Kanada, aber man kann ihn sich auch in Skandinavien vorstellen oder in den Anden, im Himalaya oder in Neuseeland, jedenfalls wohnt er nicht in Berlin oder im Ruhrgebiet. Mit der *Jack-Wolfskin*-Jacke kann man sich dementsprechend – wenn nicht „entnazifizieren" – dann doch zumindest „ent-deutschen", indem man sich internationalisiert. Man übernimmt damit zwar einerseits die Unbürgerlichkeit oder das Alternative der alten Birkenstocks, lässt aber deren urdeutsche Assoziationen hinter sich, oder glaubt das zumindest. Birkenstocks trug man meist daheim, während man mit *Jack Wolfskin* in die Ferne zieht.

In Wirklichkeit aber handelt es sich auch hier wieder um eine Paradoxie. Der Name „Jack Wolfskin" ist so urdeutsch wie das „Handy" oder das „Public Viewing". Im Englischen hört sich all das ausgesprochen komisch an – und zwar im doppelten Sinne - von merkwürdig daneben und lachhaft. Einen Amerikaner namens *Jack Wolfskin* könnte man allenfalls in einem Kinderbuch oder einer *Comedy Show* antreffen, *handy* ist ein ziemlich aus der Mode gekommenes Wort für „bequem", und bei *public viewing* denkt man in Amerika allenfalls an ein Leichenschauhaus. Ich weiß aus erster Hand, dass ein Händler für Freizeitkleidung in Bologna (jedenfalls bis vor kurzem noch) ausdrücklich keine *Jack-Wolfskin*-Produkte anbietet, im Gegensatz zu anderen Marken, weil diese, seiner Auskunft nach, *so deutsch* aussehen, dass er sie in Italien kaum verkaufen kann. Die Firma drängt zwar derzeit mit massiven Werbekampagnen auf den Weltmarkt (bei einer Investition von 700 Millionen bietet sich das ja an), aber wie erfolgreich das sein wird, bleibt vorerst abzuwarten. *Im Ausland* wirkt derzeit eine Jack Wolfskin-Jacke ungefähr so international, wie wenn man auf Englisch fragt, wo man ein „Handy" kaufen kann.

Ein paradoxer Effekt der Marke *Jack Wolfskin* ist, dass man dadurch zwar anti-nationalistisch dem Deutschtum zu entfliehen meint, in der Tat dieses aber nur noch verstärkt. Dem gekonnten Auge offenbart sich der *Jack Wolfskin* Tragende im Ausland so leicht als Deutscher, dass dieser gleich eine Nationalflagge auf seinen Rucksack sticken könnte. Er weiß das aber oft nicht. Und so denkt man eben auch, mit der Zivilreligion weltoffen zu werden und dem Nationalismus zu entkommen. In der Realität ist oft das Gegenteil der Fall. Ausländer finden vieles an der deutschen Zivilreligion, man denke an das Hitler-Kartenspiel oder das Urteil im Fall Gäfgen, genauso typisch deutsch wie eine *Jack-Wolfskin*-Jacke und genauso komisch, im doppelten Sinne, wie das Wort „Handy". Tragischerweise verhält sich der *Jack-Wolfskin*-Träger somit wieder auf paradoxe Weise genau gegensätzlich zu seinem fiktiven Namenspatron. Der Namenspatron ist weltoffen, das heißt nationslos, und weltgewandt, das heißt gekonnt im Umgang mit Fremden, aber gerade so wirkt im Ausland der *Jack-Wolfskin*-Träger und seine Zivilreligion nicht unbedingt. Der *Jack-Wolfskin*-Mensch ist ein tragischer Fall; er will so gerne wild sein wie die da draußen in der Welt und ihr Freund werden, aber irgendwie bleibt er doch immer ein braver deutscher Beamter.

Mit der Marke *Jack Wolfskin* sind viele Werte der deutschen Zivilreligion verbunden, vor allem Umweltschutz, Menschenrechte, soziale Gerechtigkeit. Daher muss die Firma hier auch besonders vorsichtig sein, um ihr Image nicht zu gefährden. Der Verdacht umweltschädigenden Handelns oder der Verletzung von Grundrechten der Beschäftigten in der „Dritten Welt" oder auch als unfair empfundene Geschäftspraktiken droht latent die Glaubwürdigkeit der Marke ernsthaft zu gefährden. Daher geht die Firma äußerst sensibel mit solchen Dingen um und stellt sich auf gut zivilreligiöse Weise der „Unternehmensverantwortung" über das rein rechtlich Gebotene hinaus. Man ist Mitglied der *Fair Wear Foundation*, „einer Multi-Stakeholder-Initiative, welche die Arbeits- und Produktionsbedingungen bei den Zulieferern und Produzenten ... kontrolliert und zertifiziert." Außerdem wurde mit dem halb-alternativen populären Sänger Wolfgang Niedecken zusammen „das Projekt ‚Rebound' ins Leben gerufen: ein Resozialisierungsprojekt zur Verbesserung der Lebensbedingungen ehemaliger Kindersoldaten in Uganda" u.v.m. Das steigert allesamt und beiderseitig das zivilreligiöse Prestige, man ist für Frieden und Schwarze, man engagiert sich international, man übernimmt eben Verantwortung, wie es sich gehört, und da kann ja wohl keiner etwas dagegen haben, wenn das neben dem Schutz der Menschenrechte auch dem Schutz der 700-Millionen-Investition nützt.

Weil *Jack Wolfskin* für das Gute und die Pflichterfüllung steht – die Kleidung ist ethisch produziert, erfüllt ihre Funktion hervorragend und kommt ohne unechten Zierat oder täuschende Ornamente aus - trägt man damit neudeutsche Tugenden hinaus in die Welt. *Jack Wolfskin* ist ehrlich und schlicht, bevorzugt das Richtige gegenüber dem Falschen, und ist vollkommen verlässlich. Aber wenn man den *Jack-Wolfskin*-Stil von außen betrachtet, tritt eine paradoxe Wirkung ein. Einfach und robust, ausdauernd und ungeschminkt – das erinnert zumindest entfernt an BDM-Ästhetik. Bringt nicht vielleicht gerade *Jack Wolfskin* eine versteckte, nicht-überwundene Nazinatur seiner deutschen Träger ans Licht? Zeigt sich darin vielleicht der Nazi in uns allen?

Hier dazu etwas, das der Bremer Fernsehexperte zur Hitlersprache sicher gerne bestätigen wird: Wie der angesehene amerikanische Psychologe James Hillman schreibt, „nannte sich Hitler in seinen frühen Tagen selbst *Herr Wolf*, und er ließ seine Schwester den Namen *Frau Wolf* annehmen." Außerdem „fütterte und streichelte Hitler während seiner letzten Tage im Bunker einen jungen Hund namens *Wolf*, den niemand anders anfassen durfte. Dieser ‚Wolfsgeist' tauchte in seiner Kindheit auf, als er seinen Vornamen Adolf ableitete von Athawolf, was ‚nobler Wolf' bedeutet. Er nannte seine drei Hauptquartiere Wolfsschanze, Wolfsschlucht und Werwolf. Seine Lieblingshunde waren Wolfshunde. Seine SS nannte er ‚mein Rudel Wölfe'. Oft murmelte er geistesabwesend: ‚Wer hat Angst vorm bösen Wolf?'" Muss man da nicht eigentlich den *Jack-Wolfskin*-Trägern sagen: „Wolf geht nicht"!?[45]

Schlaumeier

Vor gut 150 Jahren erklärte Karl Marx, dass die christliche Religion das „Opium für das Volk" sei. Mit dem „Volk" meinte er vor allem das „Proletariat", also die vielen Menschen die für einen Hungerlohn und von früh morgens bis spät abends in den Fabriken arbeiteten. Sonntags aber hatten

---

[45]   James Hillman. *The Soul's Code. In Search of Character and Calling*. New York: Random House, 1996. Seite 218. Meine Übersetzung.

sie frei, und dann gingen sie in die Kirche. Dort, so verstand es Marx, wurde ihnen wöchentlich eine Dosis Religion verabreicht, die sie erstens *betäubte*, und dadurch davon abhielt, gegen die ihnen aufgezwungenen, ungerechten und elenden Lebensumstände zu revoltieren, und zweitens *illusionäre Glücksgefühle* vermittelte, indem sie ihnen ewigen Lohn in einem jenseitigen Paradies versprach, wenn sie nur schön brav blieben. Was die Zustände in der Mitte des 19. Jahrhunderts in den Industriegebieten Europas und Amerikas betraf, hatte Marx da sicher nicht ganz unrecht – aber was damals noch für das Christentum galt, trifft auf die deutsche Zivilreligion unserer Tage nicht mehr zu.

Erstens sind die Gläubigen innerhalb der Volksmasse heutzutage keine schlecht weggekommenen Fabrikarbeiter, sondern gut weggekommene Beamte, Schullehrer und Selbständige. Daher brauchen sie auch weder Betäubungsmittel noch das Versprechen eines jenseitigen Paradieses, um die Wirklichkeit ertragen zu können. So kommt das Christentum bei ihnen auch nicht mehr wirklich umfassend zum Zuge. Außerdem hatten sie die Drogen, die sie in ihrer Jugend in den 60er und 70er Jahren bevorzugt zu sich nahmen, weniger als Opiat oder Betäubungsmittel verstanden, sondern vielmehr als, wie man damals sagte, „bewusstseinserweiternd." Diesem Anspruch soll nun auch in gewisser Weise ihre Religion gerecht werden. Es handelt sich bei der Zivilreligion somit nicht mehr um eine Art süßen Zukunftstraum, dem man sich hingibt und der von sagenhaften Figuren bevölkert ist und in wunderbaren Gefilden spielt, sondern um etwas, dass man im Leben hier und jetzt als spirituell bereichernd empfindet. Sie ist nicht das fantastische Gegenstück zur harten täglichen Arbeit und zum harten täglichen Brot, sondern die intellektuelle Ergänzung zur Spaßgesellschaft und zu Pizza und Wein beim Italiener.

Die Zivilreligion macht die Deutschen nicht nur „gut",

sondern auch schlau. Sie verhilft ihnen zum „Durchblick" –
wie man ebenfalls damals um 1968 sagte. Mit ihrer Hilfe
kann man sich selbst und die Welt verstehen, sie füllt das intellektuelle Vakuum, das viele im Anschluss an ihre Jugend-
zeit empfinden, zumal wenn sie eine Beamten- oder
Lehrerkarriere eingeschlagen haben. Mit dem „wissen um"
die Zivilreligion, also mit der „Bewusstwerdung", die man
zumindest dem hessischen Lehrplan gemäß erreicht, schafft
man sich eine geistige Grundlage. Die Zivilreligion stellt
den gemeinsamen Nenner des modernen Bildungsbürgers
dar – man braucht nicht mehr, wie der Bürger im 18. oder
19. Jahrhundert, Literatur, klassische Sprachen oder Kunst
zu kennen und zu schätzen; heute reicht es vielmehr, sich ta-
gespolitisch einigermaßen auszukennen, und das heißt eben
zum Beispiel, nicht nur zu wissen dass „Autobahn" nicht
geht, sondern auch, warum das so ist, oder die Urteilsbegründung im Falle Gäfgen zu verstehen und anderen erklären zu können. Das ist auch eine Leistung, denn dieses hätte
der durchschnittliche Bildungsbürger früher kaum ver-
mocht.

Die Schlauheit, die man sich durch die Zivilreligion an-
eignet, macht den neudeutschen Bildungsbürger nicht nur
kenntnisreich, sondern auch urteilsfähig. Beim Vergleich
deutscher und US-amerikanischer Medien fällt mir häufig
der unterschiedliche Schwerpunkt der Berichterstattung auf,
der, zum Beispiel bei CNN mehr auf der Darstellung der
Fakten, oder bzw. was dafür ausgegeben wird, liegt, während in deutschen Medien wie der *Tagesschau*, oft zugleich
eine mehr oder weniger zivilreligiöse Bewertung oder Interpretation mitgegeben wird. In den amerikanischen Medien
gibt es häufig eine recht klare Trennung zwischen Bericht
und Kommentar. Wie man sehr deutlich an *Bild Zeitung* und
Spiegel sieht, ist das in Deutschland tendenziell anders. Hier
bekommt man gleichzeitig gesagt, was passiert ist und was

man davon zu halten hat.

Nehmen wir als Beispiel nur das oben bereits erwähnte neudeutsche Wort „Rechtspopulist". Ich weiß nicht, wie man das auf Englisch knapp und klar übersetzen könnte. Natürlich berichtet CNN auch über die Wahlen in Frankreich oder Finnland, oder über den Massenmord in Norwegen, aber das Wort „Rechtspopulist" wird dabei nicht verwendet – jedenfalls noch nicht. Vielleicht führt man das ja mal wie *wanderlust*, *weltanschauung* oder *blitzkrieg* als Lehnwort aus dem Deutschen in den amerikanischen Sprachschatz ein. „Rechtspopulist" ist eben nicht nur beschreibend, sondern zugleich zivilreligiös abwertend. Anders als beispielsweise Kommunisten, die sich selbst so nennen, bezeichnet sich niemand selbst als Rechtspopulisten. Wenn man so von rechts-nationalistischen Politikern spricht, dann drückt man zugleich damit aus, dass man diese bereits „durchschaut" hat und, weil man dabei schlau geworden ist, auch die korrekte Einstellung zu ihnen gefunden hat. Man bezeichnet damit nicht nur eine politische Position, sondern gibt zum Ausdruck, dass man ihr gegenüber den „Durchblick" hat.

Ähnlich pragmatisch kann man, den Predigern der Zivilreligion folgend, auch auf einfache Weise fremdländische Dinge verstehen. Ohne sich erst lange mit den Texten des tibetischen Buddhismus, der tibetischen Sprache oder der Geschichte dieses Landes beschäftigen zu müssen, kann man sehr wohl verstehen, dass der Dalai Lama ein guter Mann ist. Genauso kann man wissen, ohne dessen Bücher zu lesen oder auch nur die Bibel zu kennen, dass dasselbe von Papst Benedikt XVI so nicht gesagt werden kann. Insofern gilt dann auch für die Zivilreligion doch wieder etwas, dass Marx seinerzeit von der christliche Kirche behauptet hatte, dass nämlich der Kirchgang– so wie der Konsum der zivilreligiösen Massenmedien Deutschlands heute – dem Volk den Eindruck vermittelt, es wisse im Grunde genug über die Welt und ihm dadurch die Sicherheit gibt, zum Weltgeschehen auch die richtige und wohl informierte Meinung zu haben. Marx schloss daraus ganz richtig, dass es für Heiden wie ihn nicht einfach würde, andere Welterklärungen vorzubringen ohne dabei auf massiven Widerstand seitens des Klerus und der Prediger zu stoßen, die natürlich ganz konkrete persönliche Interessen am Weiterbestand des Volksglaubens haben.

Die Zivilreligion formt den mündigen Bürger: gut informiert über das Weltgeschehen und mit einer dezidierten Meinung dazu. Der mündige Bürger ist so nicht nur schlau, sondern auch *kritisch*. Das ist ja gerade der Zweck der Schule und der freien Medien, dass sie uns helfen, selbständig zu denken. Um dem Volk den Weg hin zum kritischen Bürger nun nicht allzu umständlich zu machen, zeigt man ihm nicht erst umständlich *wie* man kritisch denkt, sondern lieber sofort, *was dabei herauskommt*. Die Lehrer und Journalisten haben ja bereits scharf und lange nachgedacht, bis sie schließlich den Durchblick hatten. Diesen mühsamen Weg wollen sie uns ersparen und sagen uns daher dankenswerterweise gleich das Ergebnis. Kritisches Denken, beispielsweise in Bezug auf europäische Rechtspopulisten, den Papst im Vatikan, die Menschenrechtslage in China oder die Pressefreiheit in Russland fällt dem neudeutschen Bildungsbürger daher nicht schwer. Alle, oder sagen wir lieber korrekt, die meisten, wissen hier genau Bescheid, was es da kritisch anzumerken gilt.

Somit stoßen wir hier wieder mal auf eine Paradoxie: Die „öffentliche Meinung" wird, weil sie alle (oder die meisten) gleichermaßen kritisch macht, unkritisch, oder, mit Immanuel Kant gesprochen (zu dem gleich noch mehr), *dogmatisch*. Ich frage mich oft, ob die kritischen Journalisten und Lehrer Deutschlands das eigentlich wirklich nicht selbst merken. Halten sie sich wirklich für besonders *kritisch* oder *mutig* wenn sie, sagen wir, die Nobelpreisverleihung an einen chinesischen Dissidenten loben? Sie geben dann doch nichts anderes als ihre *Konformität mit der öffentlichen Meinung in Deutschland* kund. Sie sind doch keine Chinesen. Weiß denn der deutsche Chinakorrespondent, der kritisch die dortigen Menschenrechtsverletzungen anprangert nicht, dass er gar nicht für Chinesen schreibt, sondern für eine Redaktion in Deutschland, die genau das von ihm verlangt, weil es genau das ist, was die meisten Leser oder Zuschauer in Deutschland hören wollen? Weiß denn die mutige Journalistin der Tagesschau, die den Rechtspopulisten in Finnland attackiert, nicht, dass sie damit gerade kein Risiko eingeht, sondern im Gegenteil ihre Karrierechancen steigert, weil das, was sie sagt, der öffentlichen Meinung in Deutschland entspricht? Wie nennt man es, wenn sich Konformisten für Nonkonformisten oder brave für mutig halten?

Die Theologen

Zur Genealogie der Zivilreligion

Religionen kommen nicht aus dem Nichts. Sie haben keine Vorgeschichte. Das Christentum beispielsweise kann als eine Synthese aus, (unter anderem) Judentum und klassischer griechischer Philosophie, darunter vor allem dem Platonismus, verstanden werden. Der Buddhismus entstammt dem Hinduismus, dieser wiederum hat ältere brahmanische Ursprünge, usw. In einer Religion sind solche Erbmassen immer noch latent vorhanden, sie sind ihnen gewissermaßen als Gene einverleibt. Den Versuch, das zu verstehen, nannte Nietzsche *Genealogie*. Auch Zivilreligionen haben selbstverständlich ihre spezifischen Gene. Die deutsche und die amerikanische Zivilreligion haben ein wesentliches Gen gemeinsam: Den Protestantismus. So wird ihre Genealogie zugleich, wieder in Anlehnung an Nietzsche gesprochen, zu einem Blick auf „die Geburt der Zivilreligion aus dem Geiste des Protestantismus."

Indem ich sage, dass die deutsche Zivilreligion aus dem Protestantismus, und zwar insbesondere – und das unterscheidet sie wiederum von der amerikanischen – aus dem *deutschen* Protestantismus hervorgegangen ist, sage ich auch etwas, das ich gerne ausdrücklich betonen möchte: Während die Verbrechen der Nazizeit zwar der konkrete Anlass für sie waren, so sind diese keinesfalls ihr Ursprung. Sie sind lediglich ein Katalysator gewesen. Die deutsche Zivilreligion setzt in einer neuen Form, die natürlich konkret durch die Nazivergangenheit und die Reaktion darauf nach dem 2. Weltkrieg geprägt wurde, etwas fort, das lange vor die Nazizeit zurückreicht. Sie stellt eine neue und radikale Stufe in der modernen Säkularisierungsgeschichte des

Christentums dar, die mit dem Protestantismus im 15. und 16. Jahrhundert begann. Und Säkularisierungsgeschichte bedeutet hier: Die Verdrängung Gottes aus der christlichen Religion. Um noch einmal an Nietzsche angelehnt zu sprechen: Mit der deutschen Zivilreligion ist Gott nun wirklich ziemlich tot.

In der deutschen Zivilreligion ist eine „metaphysische" Schuld an die Stelle eines transzendenten, jenseitigen Gottes getreten. Schuld ist natürlich ein zentrales Moment vieler Religionen und besonders des Christentums. Der Protestantismus hat die Schuld allerdings mehr und mehr aus einem traditionell religiösen Zusammenhang mit einem wirklichen Gott und leibhaftigem Erlöser usw. herausdestilliert, so dass gewissermaßen am Ende nur noch die nackte Schuld allein übrig geblieben ist. Das hat, wenn man so will, mit Martin Luther (1483-1546) angefangen.

Martin Luther

Ich will mich, der hier gebotenen Kürze wegen, in Bezug auf die reformatorischen Bestrebungen Luthers auf zwei Hauptpunkte konzentrieren: Erstens gefiel ihm der ganze römisch-katholische „Überbau" nicht, der seiner Ansicht nach den eigentlichen Kern des Christentums nicht nur überlagert, sondern sogar teilweise verschüttet und pervertiert hatte. Von Päpsten, Heiligen, dem Marienkult, dem Zölibat usw. hatte Jesus nie gesprochen. Wenn man in der Jugend ab und zu an evangelischen Gottesdiensten teilgenommen hat und dann später, im fortgeschrittenen Alter, den ein oder anderen katholischen Gottesdienst besucht hat, dann fällt vor allem eines auf: Während bei den Protestanten die Predigt im Zentrum steht, also die inhaltliche Belehrung, steht in der katholischen Messe das Ritual im Mittelpunkt. Es geht darum, gemeinsam bestimmte Zeremonien durchzuführen, natürlich vor allem das Abendmahl, und dadurch liegt die Betonung weniger auf dem Nachdenken über den Glauben und mehr auf der unmittelbaren und körperlichen Praxis.

Das mochte Luther nicht, und er meinte, der Gottesdienst sollte die Gläubigen vielmehr zur Besinnung bringen und ihnen klar machen, was eigentlich in der Bibel steht. Die gewöhnlichen Menschen seiner Zeit konnten nicht unbedingt lesen - und schon gar kein Latein - und waren so, was ihr Wissen von der Religion anging, ganz und gar abhängig von der Institution Kirche und deren Praktiken und Repräsentanten. Sie hatten keinen direkten Zugang zum eigentlichen Glauben, sondern nur zu Priestern und Ritualen. Luther wollte das ändern. Seiner Ansicht nach sollte die christliche Religion wieder zu ihren Fundamenten zurück finden, und das hieß für ihn: zur Bibel. *Sola scriptura* war das Motto, zu Deutsch: Allein die Heilige Schrift. Daher heißen die Evangelischen ja auch evangelisch – sie leiten ihren Glauben direkt und ausschließlich aus dem Evangelium ab und nicht aus einer Kirche, die sich zwischen sie und jenes gezwängt und dadurch den Blick auf die Schrift und den wahren Glauben verstellt hat. Luther wollte die „reine" christliche Lehre zur Grundlage der Religion machen und die damit verbundenen Praktiken, die seiner Meinung nach die Lehre mehr verdunkelten als erhellten, entweder ganz abschaffen oder wenigstens in die zweite Reihe zurückversetzen. Es ging darum, die in der Bibel zu findenden inhaltlichen Prinzipien wieder zum alleinigen Maßstab der Religion zu machen.

In diesem Sinne sollte aller unnötige und störende Zierrat entfernt werden: Bunte Kostüme und Bilder, Schmuck und Ornament, Weihrauch und Wein, all das sollte raus aus der Kirche. Die Kirche musste sich wieder aufs Wesentliche konzentrieren, das Wort Gottes und sonst praktisch nichts.

Damit haben wir einen recht drastischen ersten Destillationsvorgang vor uns: Protestantismus als Umstellung der Religion von ritueller Praxis auf Prinzipieneinsicht.

Der zweite – mit dem ersten eng zusammenhängende – Hauptpunkt der Lutherischen Reformation, den ich hier hervorheben will, betraf nicht so sehr das Fundament des Glaubens, sondern die Gläubigen selbst. Luther empfand die römisch-katholische Religionspraxis als zu äußerlich und nicht innerlich genug. Die rituelle Praxis und alles, was mit ihr zusammenhing, war seiner Ansicht nach oft zur bloßen Geste erstarrt und hatte seine wirkliche Bedeutung verloren. Besonders erzürnte Luther bekanntlich der damals verbreitete Ablasshandel, durch den sich einerseits die Gläubigen von Sünden loskaufen konnten und durch den sich andererseits die Institution Kirche materiell bereicherte. Beides hatte nichts Innerliches mehr an sich. Einerseits musste man seine Sünden nicht mehr wirklich verstehen und bereuen und sich dadurch spirituell umkehren, und zweitens hatte auch die Kirche den Bezug zur biblischen Spiritualität ganz fallen gelassen und durch schnöde Selbstbereicherung ersetzt.

Der Ablasshandel war für Luther besonders zu verurteilen, weil dadurch die religiöse *Schuld* ihre Innerlichkeit eingebüßt hatte. Die katholische Praxis erlaubte gewissermaßen jedem, der es sich leisten konnte, fröhlich zu sündigen, ohne dabei innerlich von Schuldgefühlen betroffen zu sein. Das war für Luther mit christlicher Religion schlicht unvereinbar. Allein der Glaube, allein das Geistige, war für Luther das, was den Christen zum richtigen Christen machte – und nicht seine äußerlichen Taten, seien sie auch noch so gut oder der Kirche gefällig. So wie das Fundament des Glaubens als solchem die Bibel alleine sein sollte, so sollte in den Gläubigen selbst die reine Innerlichkeit das Fundament seiner oder ihrer Religiosität sein. Genauso wenig wie Bilder und Zierrat eine Kirche zu einem wirklichen Gotteshaus machten, so meinte Luther, machten sein äußerliches Benehmen und seine Taten einen Menschen zu einem wirklichen Gottesmenschen.

Was wirklich nötig war, um die Christenheit auch innerlich wieder zu guten Christen zu machen, war daher neben der äußerlichen Destillation des Gottesdienstes und der Kirche die innerliche Destillation der Gläubigen. Sie mussten sich der Erbsünde und ihrer eigenen Schuld wieder persönlich bewusst werden und Jesus aus freien Stücken, und nicht nur, weil es der Ritus so verlangte, annehmen und sich zu ihm bekennen. Nur das *persönliche Schuldbekenntnis* – das *durch keine weltliche Macht*, sei es auf dem Wege der Beichte oder der Ablasszahlung *von uns genommen werden kann* – führt uns letztlich zu Gott. Wenn man Gott aus dieser Gleichung weg lässt, dann kommt man schon recht nahe an die neudeutsche Zivilreligion heran. Dazwischen liegt aber vorher noch, zeitlich ziemlich genau in der Mitte, Immanuel Kant.

Immanuel Kant

Auch Kant war Protestant und kein Freund der römisch-katholischen Kirche. Er verstand sich selbst – und wurde auch von anderen so gesehen – als einen Vorreiter der *Aufklärung*. In seiner für eine breitere Öffentlichkeit gedachten kurzen Schrift „Beantwortung der Frage: Was ist Aufklärung?" erklärt er diesen Begriff gleich im ersten Satz: „Aufklärung ist der Ausgang des Menschen aus seiner selbst verschuldeten Unmündigkeit."[46] Hier haben wir also einen wichtigen Ursprung für den „mündigen Bürger", der ja auch schon bei einem anderen Aufklärer, nämlich Rousseau, der

---

[46] Zitiert nach Immanuel Kant. *Zum ewigen Frieden und andere Schriften*. Frankfurt/Main: Fischer, 2008. 25.

Träger der *religion civile* sein soll. Nach Kant waren die unmündigen Menschen seiner Zeit deshalb unmündig, weil sie, wie Kinder, nicht ihre eigene Vernunft benutzten, um zu denken, sondern wie Schafe den Dogmen bestimmter Autoritäten folgten, und zwar vor allem denjenigen der katholischen Kirche. Die alte Religion hielt die Menschen als „Kinder Gottes" auf einer primitiven geistigen Entwicklungsstufe fest. Um auch geistig erwachsen zu werden, war es nach Kant notwendig, kritisch zu werden, also die Vernunft zu gebrauchen und als Mensch selbständig zu rationalen Einsichten zu gelangen, gegebenenfalls in gemeinsamer Anstrengung mit anderen selbst denkenden Menschen. Es ging also für Kant bei der Aufklärung darum, durch Vernunftgebrauch geistig frei zu werden. Diese geistige Freiheit, so hoffte Kant, würde dann auch gesellschaftliche und politische Freiheit – und am Ende sogar den ewigen Weltfrieden - hervorbringen.

Gott konnte Kant zwar zu seiner Zeit noch nicht leugnen – der Atheismusvorwurf war damals ähnlich gesellschaftlich tödlich wie heute ein Nazivorwurf – aber er konnte ihn doch mehr oder weniger neutralisieren. Nach Kant kann man zwar Gottes Existenz weder beweisen noch kann man etwas Genaueres über ihn wissen, aber man muss trotzdem, so viel gebietet die Vernunft, an ihn glauben. Er ist und bleibt eine „notwendige Hypothese" ohne die auch die Aufklärung nicht auskommt. (Auch das war ja schon bei Rousseau so.) So geht Kant in seiner Destillation der christlichen Religion und deren Umformung zu einer Zivilreligion noch einen ganz wesentlichen Schritt weiter als Martin Luther gut zwei Jahrhunderte vor ihm. Religion und Gottesglaube ist auch für Kant noch nötig, aber das, was vorher im Zentrum stand, das Lesen der Heiligen Schrift und der Glaube an die Versündigung gegenüber göttlichen Geboten, wird zur Nebensache oder ganz abgeschafft. Luther hatte den Weihrauch aus der Kirche und die Beichte aus den Gläubigen ausgetrieben, und Kant reduzierte nun weiter ganz erheblich den Gang zum Gottesdienst und die Verantwortung gegenüber Vater, Sohn und Heiligem Geist. Die Schuld und das Bekenntnis zu ihr verschwanden dabei aber nicht völlig, beide wurden jetzt nur vernünftig – und damit zu einer fast schon zivilreligiösen *Pflicht*.

Einerseits räumte Kant radikal mit all den alten religiösen „Dogmen", wie er sie nannte, auf, aber das sollte keinesfalls, wie er ausdrücklich sagte, in einen „Skeptizismus" münden, wo man dann an allem zweifeln könnte. Dazwischen musste ein „Mittelweg" gefunden werden, den man mit dem „sicheren Gang" der Vernunft begehen kann. Auf diesem Pfad nimmt uns Kant an der Hand und geleitet uns Schritt für Schritt zum „kategorischen Imperativ." Diesen gibt es in zwei bekannten Varianten, die aber beide das gleiche besagen sollen. Einmal soll man stets andere Menschen nicht als Mittel zu einem Zweck, sondern gewissermaßen als Selbstzweck begreifen und sich dementsprechend verhalten. Ein andermal soll man so handeln, dass der Grundsatz, nach dem man handelt, für alle Menschen gleichermaßen als allgemeines Gesetz gelten kann. Wir hatten weiter oben schon gesehen, dass Kant gerade diese Form des kategorischen Imperativ heranzieht, um zu demonstrieren, dass man unter keinen Umständen lügen darf, selbst wenn ein Mörder vor der Tür steht, und fragt, ob jemand im Hause ist, den er gerade gerne umbringen möchte.

Kant meint, dass es uns durch den „reinen" Gebrauch unserer Vernunft, wenn wir uns nur nicht durch irgendwelche äußerlichen Dinge wie konkrete Umstände, Emotionen, Begierden, Religionen, Kultur, Geschichte oder Verwandte stören lassen und uns zudem auch gedanklich ordentlich anstrengen, gelingen wird einzusehen, was unsere kategorischen Pflichten sind, was wir also unbedingt und immer und allen etwaigen zufälligen Umständen zum Trotz (zum Beispiel anklopfende Mörder) tun müssen. Wenn wir das einmal „kritisch" verstanden haben, wissen wir Bescheid, denn die Vernunft kann sich nicht irren. Ist man einmal „auf dem sicheren Pfad" der Kantischen wissenschaftlichen Philosophie, sieht man ein, was unabhängig von allen konkreten „empirischen" Gegebenheiten kategorisch *notwendig* ist. Alle Handlungen können dann auf die freie, nämlich nur durch den Gebrauch der eigenen Vernunft erlangte, „Einsicht in die Notwendigkeit" gegründet werden – wir verstehen, was unsere Pflicht ist.

An die Stelle der alten christlichen Lehre tritt damit ein unbedingtes *Pflichtbewusstsein* im strengen wörtlichen Sinne. Wenn das nicht schon ziemlich zivilreligiös deutsch ist!? Damit hat eine weitere Destillation stattgefunden: Aus den alten Glaubenssätzen haben wir herausgefiltert, was eigentlich vernünftig ist, und dabei allen möglichen jenseitigen Ballast abgeworfen. Statt in die Bibel, müssen wir jetzt bloß in Kants *Metaphysik der Sitten* schauen, um herauszufinden was wirklich und jenseits aller skeptischen Zweifel richtig und gut ist. Zwar finden wir da immer noch einen Gott versteckt, aber wenn wir in der Geschichte der protestantischen philosophischen Theologie nur ein wenig weiter gehen, treffen wir bald schon auf eine Religion, die auch einen solchen nicht mehr braucht, nämlich bei Ludwig Feuerbach (1804-1872).

Ludwig Feuerbach

Feuerbach sah sich selbst als den Martin Luther des 19. Jahrhunderts, der dessen reformatorisches Werk vollendete und grundsätzlich modernisierte. In seinem Buch über *Das Wesen des Christentums* ging es Feuerbach darum, die christliche Religion ganz und gar menschlich oder „anthropologisch" zu machen, und damit den Verinnerlichungsprozess, den Luther begonnen hatte zu seinem logisch konsequenten Ende zu führen. Mit all den alten christlichen Vorstellungen von einem Gott, von Jesus Christus, usw., so Feuerbach, „projizieren" wir immer noch alle Inhalte des Christentums nach außen und schreiben sie anderen Wesen als uns selbst zu. Wir erschaffen damit ein Reich religiöser Figuren, dass wir jenseits der Menschheit ansiedeln. Dieser „Entfremdung" der Religion wollte Feuerbach den Garaus machen. Er schrieb: „Der geschichtliche Fortgang in den Religionen besteht deswegen darin, dass das, was der früheren Religion für etwas Objektives galt, jetzt als etwas Subjektives, d.h. was *als Gott* angeschaut und angebetet wurde, jetzt als etwas *Menschliches* erkannt wird."[47]

Feuerbach argumentierte dabei gewissermaßen grammatisch. Wenn wir etwas über Gott aussagen, sagen wir so etwas wie: „Gott ist gütig und gerecht. Gott schafft und erschafft. Gott ist wissend." Dabei schreiben wir also einem Subjekt, nämlich Gott, gewisse Eigenschaften oder Prädikate zu, nämlich, wie in den genannten Beispielen, Güte, Gerechtigkeit, Schaffenskraft, Intelligenz. Jetzt kann man sich fragen, was in diesen Sätzen das eigentlich Wesentliche ist. Ist es das Subjekt Gott oder sind es dessen gerade genannten Eigenschaften oder Qualitäten? Laut Feuerbach hatte hier das Christentum bisher einen Fehler gemacht, und das Subjekt als buchstäblich das Wesen der Religion angesehen und dessen Eigenschaften dementsprechend als logisch zweitrangig. Feuerbach wollte diese Wesensbestimmung umkehren. Seiner Meinung nach war das Wesen oder der Kern des Christentums nicht der Gott, sondern dessen Eigenschaften: „Die *Qualität* ist das Feuer, der Sauerstoff, das *Salz* der Existenz. Eine Existenz *überhaupt*, eine Existenz ohne Qua-

---

[47]   Ludwig Feuerbach, *Das Wesen des Christentums*. Stuttgart: Reclam, 1969. Seite 53. Hervorhebungen im Original.

lität ist eine *geschmacklose*, eine *abgeschmackte* Existenz."[48]

Der ganze „Geschmack" des Christentums, das Salz in der Suppe, ist also nicht, wie uns bisher immer vorgemacht wurde, in Gott, sondern in dessen Eigenschaften. Und wenn wir das wirklich verstehen, dann begreifen wir, dass wir das Subjekt zu diesen Eigenschaften nur erfunden haben, dass diese Eigenschaften nicht irgendeinem Wesen außer oder über uns angehören, sondern dass es nichts anderes als unsere eigenen Eigenschaften, die eigentlichen menschlichen Qualitäten sind. Insofern ist das Wesen des Christentums – also Güte, Gerechtigkeit, Schaffenskraft, Intelligenz, von jeher bloß das Wesen der Menschheit gewesen. Im Wesentlichen sind sie dasselbe. Das heißt aber, dass wir in den oben genannten Sätzen, das Subjekt ausstreichen können. Wenn wir einmal das Wesentliche am Christentum verstanden haben, dann können wir die Religion vollständig humanisieren. Mit dem alten Gott haben wir nur eine Gestalt geschaffen, mit deren Hilfe wir, das was uns gut und groß ist, nach außen verlagert haben, um es preisen und anbeten zu können. Jetzt aber, mit Feuerbach, sehen wir ein, dass dieses Wesen nur unser eigenes ist.

Mit dieser Einsicht, verlieren wir den Geschmack an der alten Religion und am alten Gott: „Nur da, wo der Mensch den *Geschmack an der Religion* verliert, die Religion also geschmacklos wird, nur da wird daher auch die Existenz Gottes zu einer abgeschmackten Existenz."[49] Der christliche Gott, dieser alte Mann im Himmel mit einem weißen Bart, schmeckt uns nach Feuerbach nicht mehr. Wir haben erkannt, dass es sich dabei nur um eine Art Märchenfigur han-

---

[48]   Ludwig Feuerbach, *Das Wesen des Christentums*. Stuttgart: Reclam, 1969. Seite 57. Hervorhebungen im Original.
[49]   Ludwig Feuerbach, *Das Wesen des Christentums*. Stuttgart: Reclam, 1969. Seite 53. Hervorhebungen im Original.

delt, die wir selbst erfunden haben, um uns damit eine Geschichte zu erzählen, in der es aber letztlich nur um uns geht – und nicht um den alten Mann. Haben wir das einmal begriffen, dann brauchen wir den alten Mann nicht mehr und finden auch keine Freude mehr daran, sonntags in der Kirche immer wieder dieselben alten Geschichten von ihm zu hören. Wir sind aus diesem Alter heraus, und unser Geschmack ist reif geworden. Jetzt geht es um das, was immer schon, ohne dass es wir früher so richtig gemerkt hatten, der Kern des ganzen war, nämlich das, was anstatt an ihm an uns so *richtig gut* ist. Die radikal vermenschlichte Religion Feuerbachs, die das Wesen Gott abschafft und durch das Wesen seiner Eigenschaft ersetzt, ist eine Zivilreligion geworden in dem Sinne, dass sie bürgerliche Eigenschaften, bzw. Vorstellungen oder Ideen von Eigenschaften vergöttlicht (was übrigens auch schon Feuerbachs Zeitgenosse Karl Marx so gesehen hat – und was ihm nicht sonderlich gefiel).

Wie vorhin bereits angesprochen, sah sich Feuerbach in der direkten Nachfolge Martin Luthers: „In einer besonderen Abhandlung über *Das Wesen des Glaubens im Sinne Luthers* (1844) hat Feuerbach geradezu die Identität von Luthers Glaubensbegriff mit dem *Wesen des Christentums* nachzuweisen versucht."[50] Was bei Luther noch Theologie war, wird bei Feuerbach aber zur Anthropologie oder, wie man heute sagen kann: zur humanistischen Philosophie. Damit hat er die Destillation des Protestantismus fortgesetzt. Auch Gott ist nun herausdestilliert worden, und übrig bleiben nur noch die von ihrem ursprünglichen Träger abgelösten Wesensmerkmale selbst. Früher war Gott gut, jetzt ist der Mensch gut geworden. Und an dieses Modell der Selbst-Wiedergutmachung konnte die deutsche Zivilreligion nach dem zweiten Weltkrieg bequem anknüpfen. Aus dem Geiste

---

[50] Karl Löwith, „Nachwort" zu Ludwig Feuerbach, *Das Wesen des Christentums*. Stuttgart: Reclam, 1969. Seite 533.

des Protestantismus heraus konnte man eine ehemals religiöse Eigenschaft, nämlich in diesem Falle die Schuld, zum neuen ganz und gar vermenschlichten Gott erklären und sich kompromisslos zu ihr als unserem untilgbaren und ewigen Wesen bekennen. Dann braucht man nur noch das „Wissen um" diesen „entgöttlichten" Gott in den Lehrplänen zu verankern, und fertig ist die Zivilreligion.

Jürgen Habermas

Die neudeutsche Zivilreligion hat ihre eigenen Theologen hervorgebracht, und der bekannteste - nicht nur in Deutschland, sondern in der ganzen Welt - unter ihnen ist Jürgen Habermas (geb. 1929). Habermas hat sich vom Alt-68er zum staatstragenden Verfassungsphilosophen gemausert, der bei gegebenen welt- oder innenpolitischen Anlässen in den deutschen Medien gerne die jeweils richtige zivilreligiöse Meinung theologisch-philosophisch begründen darf.

Habermas setzt, Kant folgend, ganz auf die Vernunft. Er hat aber dabei natürlich, mit Feuerbach gesprochen, anders als Kant, den Geschmack an Gott gänzlich verloren. Ähnlich wie Kant, will Habermas uns lehren, was zu tun unsere jeweilige Pflicht ist. Um das herauszufinden, müssen wir uns „verständigen" - also mit Hilfe unseres Verstandes miteinander kommunizieren und dabei zu einer Übereinkunft finden. Des Pudels Kern ist dabei wieder eine rein menschliche Qualität, nämlich wie gesagt, die Fähigkeit des mündigen Bürgers, seinen Verstand zu gebrauchen. Habermas knüpft damit an den berühmten, oben zitierten Eingangssatz von Kants Beantwortung der Frage, was Aufklärung sei, an. Habermas modernisiert den Freiheitsbegriff Kants und politisiert ihn durch eine Wendung nach links: Der Prozess der Verständigung, oder der „Diskurs" in Habermas' Worten, muss „herrschaftsfrei" vor sich gehen, das heißt: Keiner darf bestimmte Privilegien aufgrund seiner gesellschaftlichen Position oder seines Vermögens haben. Die Freiheit bei Habermas ist somit, viel stärker als noch bei Kant, mit Gleichheit verknüpft und auf diese gegründet. Vor Habermas sind alle Bürger gleich - jedenfalls im Prinzip.

Konkret treten dabei aber einige Paradoxien auf, wenn Habermas uns erklärt, wie vernünftige Verständigung funktioniert. Dafür stellt er Regeln auf. Die sollen zwar „rein" formal sein – aber das Problem bleibt dasselbe wie schon bei Kant. Am Ende ist es dann doch auf verflixte Weise immer so, dass die Moral, die dabei rauskommt, gerade diejenige ist, die das kulturelle Umfeld der Zivilreligion erwarten lässt. Um das genauer zu erklären, gebe ich hier einmal einem zivilreligiösen Häretiker und Habermasschen Nemesis das Wort, auch auf die Gefahr hin, dass ihn niemand meiner Leser versteht. Aber bei theologischen Diskursen lässt sich das manchmal schwer vermeiden:

„Die Verfahrensfrömmigkeit, die sich hier [im Habermasschen-zivilreligiösen öffentlichen Diskurs, der Autor] manifestiert, verrät den Glauben an Prozesse als Auswahlmechanismen ohne Fehl und Tadel. In ihnen trifft der Logos selbst die Auslese – und er kann auch nicht anders, da ihm nur noch die Option Prozesswerdung offensteht, seit die Option Menschwerdung verbraucht ist. Der bipolar ausgestrittene Prozess vor dem Gerichtshof der gläubigen Parteien ist eine Falle, in die der solchermaßen verflüssigte Heilige Geist nicht gehen kann. Er geruht jedes Mal, im Ergebnis eines Prozesses zu wehen, ganz so, als wehte er nicht länger, wo er will, sondern wo das Verfahren es erlaubt. Deswegen dürften wir uns, wären wir katholische Gläubige, der Gewissheit erfreuen, niemals an Unwürdige zu geraten, wenn wir die Fürbitte von kanonisierten Heiligen bei Gott zu unseren Gunsten in Anspruch nähmen. Der prozedurale

Filter garantiert ja, dass in den Rängen der offiziell aufgezählten *communio sanctorum* keine Scheinheiligen auftreten und uns diabolische Simulakren erspart bleiben, genauso wie man bei Kommunikationen gemäß Habermasschen Spielregeln die Gewissheit genießen darf, dass nach der Endausscheidung kein Dissenstheoretiker, kein Pluralist, kein Konstruktivist und vor allem kein Künstler im Kreis der wahrhaft vernünftig kommunizierenden mehr dabei sein kann."[51]

Was Peter Sloterdijk hier sagt, ist einer zentralen Thesen dieses Buches sehr verwandt. Er erklärt, wie es einer Gemeinschaft gelingt, so zu kommunizieren, dass die meisten, die an der Kommunikation teilnehmen, meinen, die Kommunikation gehe ganz „herrschaftsfrei" vor sich, rein vernünftig und ohne Zwänge und inhaltliche Vorgaben – wobei aber gerade das Gegenteil der Fall ist. In anderen Worten: Es handelt sich um eine „aufgeklärte" Form von Religion, die sich einerseits als das Gegenteil der traditionellen Religion versteht und für davon frei hält, während sie in der Tat die alten Mechanismen (Glaube, Ritus, Prediger, Klerus, Gläubige, Theologen) nur durch neue, „zivilisierte", und das heißt entgöttlichte Mechanismen ersetzt, die ganz ähnlich funktionieren wie die alten. Es handelt sich um eine Religion, bei der *Schäfer* und *Schäflein* nicht mehr wissen, dass es sich um eine Religion handelt, um eine Religion also, die sich selbst *verdunkelt* – und das ist ein ganz wesentlicher Bestandteil der *Dialektik der Aufklärung*, den Theodor W. Adorno und Max Horkheimer schon in 1940er Jahren so treffend erkannt und beschrieben haben. Leider hat sich – diesbezüglich - ihr Schüler und Nachfolger Habermas von ihnen nicht wirklich belehren lassen.

---

[51] Peter Sloterdijk. *Nicht gerettet. Versuche nach Heidegger.* Frankfurt/Main: Suhrkamp, 2001. Seite 86-87.

Die Anderen

Monotheistische Religionen wie die Abrahamischen haben eine gewisse Neigung zur Ausschließlichkeit, das heißt, sie verlangen gerne, dass man keinen anderen Gott als den einzig wahren, nämlich den ihrigen, anerkennen und anbeten soll. Das ist bei vielen anderen Religionen, zum Beispiel in Ostasien, so nicht der Fall. Im alten China oder im modernen Japan war bzw. ist es völlig normal, Tempel und Kultstätten verschiedener Religionen aufzusuchen und dann die jeweiligen Götter um Hilfe zu bitten. Eindeutige Konfessionszuordnungen sind deshalb dort schwierig oder werden als nicht sinnvoll empfunden.

Die deutsche Ziviltradition, aus dem Geiste des Protestantisums geboren, steht in der Tradition der Abrahamischen Religionen und unterscheidet sich daher in aller Deutlichkeit von allem, was sie als nicht zu ihr gehörend ansieht. Um solche Unterscheidungen zu vollziehen, sind in der Geschichte des Christentums verschiedene Kategorien Andersartiger geschaffen worden, die je nach ihrem Abstand oder dem Verhältnis zum einen Gott definiert werden konnten. Drei solche Kategorien der Nicht-Dazugehörenden sind: Heiden, Ketzer und Satanisten. Zu manchen Zeiten konnte die Zuordnung zu einer dieser Gruppen durchaus tödlich sein, wie man weiß. Zu anderen Zeiten wurde man nicht gleich auf dem Scheiterhaufen verbrannt oder von einem Kreuzritter erschlagen, sondern kam vergleichsweise glimpflich weg. Man musste vielleicht in einem bestimmten Viertel wohnen, durfte bestimmte Berufe nicht ausüben, oder hatte keinen Zugang zu wichtigen politischen Ämtern. Die deutsche Zivilreligion folgt dieser eher friedlichen und weitgehend gewaltlosen Form der gesellschaftlichen Ausgrenzung Andersgläubiger. Ihre Sanktionen reichen von öffentlicher Anprangerung und der Forderung nach Bekehrung über den Ausschluss aus politischen Organisationen, den Rauswurf aus Gremien oder beruflichen Positionen bis hin zu Haftstrafen, je nach Schwere des Vergehens.

Die Tatsache gesellschaftlicher Sanktionen gegen solche, die sich nicht zur Zivilreligion bekennen oder sogar gegen sie opponieren, hat, wie dies auch schon bei vielen anderen Religionen vorher der Fall war, zur Folge, dass ein Großteil derer, die der Religion gegenüber Vorbehalte haben, nicht wagen, diese zu äußern, sich aber freuen, wenn andere das tun. Das erklärt den paradoxen Erfolg mancher zivilreligiöser Dissidenten. Sie werden einerseits von den Predigern verdammt und vom Klerus bestraft, sind aber gleichzeitig dabei so etwas wie heimliche Volkshelden – jedenfalls für einen Teil der Bevölkerung. Man weiß aus der Geschichte und auch aus Menschenkenntnis, dass es selbst unter den Predigern und im Klerus einige gibt, die mit einigen der Dissidenten sympathisieren, aber trotzdem, weil es ihre Stellung in der zivilreligiösen Hierarchie verlangt, gegen die Dissidenten vorgehen. Das ist ein normaler gesellschaftlicher Vorgang, der immer dann auftritt, wenn es eine stark verbindliche „öffentliche Meinung" gibt, oder einen „Konsens", um mit Jürgen Habermas zu sprechen. Je stärker der Konsens, entweder religiös oder politisch, desto härter trifft es diejenigen, die nicht mit dem Konsens übereinstimmen. Gesellschaftlicher Konsens kann leicht unerbittlich werden.

Zu der heimlichen Unzufriedenheit mit der deutschen Zivilreligion, die sicher im Volk, und wahrscheinlich, wie angedeutet, auch bei Predigern und im Klerus, vorhanden ist, kann man nicht sehr viel Spezifisches sagen, da sie ja eben naturgemäß heimlich ist. Deswegen wende ich mich nun den oben genannten drei Formen öffentlichen Widerspruchs gegen die Zivilreligion zu und versuche dabei zu beschreiben, wie diese mit der Opposition gegen sie umgeht.

Ketzer

Als Ketzer werden solche bezeichnet, die zwar selbst glauben, einer bestimmten Religion anzugehören, die sich aber zugleich sowohl von der offiziellen Lehre als auch von der Institution (Klerus, Prediger) so weit entfernt haben, dass sie von offizieller Seite her als nicht mehr der Religion zugehörig bezeichnet werden. In der Geschichte des Christentums, um nur auf ein paar bekannte Beispiele zu verweisen, konnten etwa bestimmte astronomische Theorien als mit der Bibel und der offiziellen Welterklärung durch die Kirche so unvereinbar wahrgenommen werden, dass man sich gezwungen sah, diese Theorien und ihre Vertreter öffentlich zu brandmarken und entweder mit oder ohne Gewalt zu exkommunizieren. Andererseits gab es immer wieder Gruppen, die innerhalb der Kirche entstanden und sich als der öffentlichen Lehre eigentlich ganz besonders treu empfanden, dabei aber Praktiken und Denkweisen entwickelten, die vom offiziellen *mainstream* zunehmend abwichen. Das trifft auf mittelalterliche Gruppen wie die Katharer zu, aber auch auf viele protestantischen Reformer der frühen Neuzeit.

Ketzertum braucht in der Regel Zeit, denn es muss dazu einerseits ja eine sehr gefestigte öffentliche Lehre und Institution geben, und andererseits entwickelt sich das Ketzertum oft über einen längeren Zeitraum innerhalb dessen es in immer schärferen Gegensatz zum *mainstream* gerät, ohne dies zunächst beabsichtigt zu haben oder sogar zu bemerken. Weder Galilei noch Luther verstanden sich ja anfänglich in Opposition zur katholischen Kirche. Indem sie aber ihre Lehren konsequent entwickelten, kam dieser Gegensatz zunehmend drastischer ans Licht.

Die deutsche Zivilreligion ist im Vergleich zu anderen Religionen und Zivilreligionen noch sehr jung, und daher hat sich noch keine wirkliches Ketzertum herausgebildet – aber was noch nicht ist, kann ja noch werden. Den einzigen Ansatz zum Ketzertum, den ich derzeit auszumachen vermag, entstammt der politischen Linken in Ostdeutschland. Da diese auf die ehemalige DDR und deren Ideologie zurückgeht, hat sie es mit bestimmten, aus der BRD kommenden, Besonderheiten der Zivilreligion nicht leicht. Einerseits verstanden sich die Kommunisten, gerade die deutschen, was ja historisch auch nicht völlig falsch ist, als die eigentlich von jeher vehementeste *antifaschistische* Kraft. So teilt sie einerseits in ganz besonderem Maße den wesentlichen Kern der Zivilreligion, nämlich die Abkehr von jedwedem NS-Denken und Tun. Andererseits übernimmt sie aber nicht vollends die wichtigste Praxis der Zivilreligion, nämlich das Schuld- und Verantwortungsbekenntnis, da sie sich ja nicht direkt schuldig fühlt. Hier gibt es also zumindest einen im Kern vorhandenen Widerspruch, der sich in Zukunft, falls die Linke weiterhin eine politisch wirksame und gleichzeitig ideologisch radikale Kraft bleiben sollte, noch verstärken könnte. Ein Anlass dazu könnte die Kritik am Umgang Israels mit den Palästinensern sein, die bei der Linken wesentlich stärker ausfällt als bei allen anderen politisch maßgeblichen Parteien. Das Anprangern dieser Haltung durch *mainstream*-Medien wie den *Spiegel* könnte als Gegenreaktion bei Teilen der Linken eine Abwendung von der Zivilreligion zur Folge haben, die in Ketzertum münden könnte. Man könnte sich und die eigenen Ideologien und politischen Standpunkte als *wirklich* antifaschistisch empfinden, was aber dann seitens des zivilreligiösen Zentrums irgendwann nicht mehr tolerierbar werden könnte.

Satanisten

Anders als die Ketzer, die ihren Ursprung im Schoße der Religion haben und erst nach und nach vom rechten Glauben abfallen, sind die Satanisten von jeher der Gegenpol zum offiziellen Glauben. Sie beten den Gegengott an und sind Anhänger des Gegenteils von dem, was die Rechtgläubigen glauben. Die Satanisten leben gern gefährlich. Daher findet man sie typischerweise im Untergrund, an dunklen und verborgenen Orten und bei Nacht. Wenn sie sich tagsüber zeigen, sehen sie abstoßend aus und wirken aggressiv. Sie haben etwas latent Gewaltsames an sich. Schon durch ihre Kleidung provozieren sie. Sie verwenden geächtete und verbotene Symbole und Geheimzeichen, sie sprechen eine Sprache, die gegen das, was als anständig gilt, verstößt, und sie begehen Taten, von denen sie wissen, dass es Verbrechen sind.

Bei den Satanisten handelt es sich um eine Subkultur, die sich jenseits des Randes des Erlaubten befindet, und, anders als die Ketzer, auch jenseits dieses Randes sein will. Sie strebt keine Reformation der Religion an, sondern ihre Umkehrung ins Gegenteil. Die Religion hat daher oft gar keine andere Wahl, als den Satanismus ihrerseits zu bekämpfen. Hier können Bekehrungsangebote wenig anrichten, es muss vielmehr zur Sache geschritten werden. Der Satanismus ist eine offene Kriegserklärung an die Religion, der sich diese aktiv stellen muss.

Wer die Satanisten, die der deutschen Zivilreligion nicht nur ablehnend sondern gewalttätig gegenüberstehen, sind, ist klar: Es sind die Neonazis. Hierbei handelt es sich um Gruppen oft Jugendlicher oder junger Erwachsener, die häufig der Halbwelt von Arbeitslosigkeit, Kriminalität, Drogen- oder Alkoholkonsum und zerrütteten Familien entspringen. Sie rekrutieren sich so, mit Karl Marx gesprochen, aus dem Lumpenproletariat, wobei „Lumpen" nicht nur auf die Kleidung dieser Menschen, sondern auch auf ihren Charakter hinweist. Diese Menschen sind keine „mündigen Bürger" und wollen auch gar keine werden. Sie sind noch nicht einmal auf der unteren Stufe der Bürgerlichkeit, nämlich der Ebene der „Werktätigen" angesiedelt. Ihre „Werke" beschränken sich oft auf Zerstörung anderer und ihrer selbst. Sie verprügeln Ausländer, zünden Asylantenheime an oder grölen und pöbeln einfach nur herum. Sie drücken ihren Hass durch ihre Hässlichkeit aus. Wenn sie keine Satanisten wären, sondern einfach nur gewöhnliche Lumpen, würde man sie vielleicht zu „resozialisieren" versuchen. So steckt man sie, wenn man ihrer habhaft wird, ins Gefängnis.

Es gibt eine verschwommene Grenze zwischen Neonazis und rechtsextremen Parteien. Aber das Verhältnis zwischen ihnen ist schwierig, da sie unterschiedliche Zielvorstellungen haben. Die rechtsextremen Parteien geben sich bürgerlich, und dieses Bild stören die Neonazis. Umgekehrt strebt der Neonazi nicht wirklich nach einem Sitz im Bundestag, er sitzt lieber im Keller und trinkt Bier. Rechtspopulistisch ist der Neonazi so nicht gut zu verwerten.

Heiden

Heiden sind Ungläubige. Davon gibt es ein breites Spektrum. Da sind zuerst mal die, die von einer Religion noch nichts oder wenig gehört haben, Ausländer zum Beispiel. Dabei handelt es sich um die unschuldigsten unter den Heiden, denn sie können ja nichts oder nur wenig dafür, dass sie sich nicht zur echten Religion bekennen. Aus der Sicht der Religion kann man solche Heiden daher entweder einfach ignorieren und in Ruhe lassen, man kann aber natürlich auch versuchen, sie zu missionieren.

In Bezug auf nicht in Deutschland wohnende Ausländer geht die Zivilreligion maßvoll vor. Dass diese Ausländer die Religion nicht annehmen, ist sogar gut, denn die Zivilreligion ist ja etwas besonders Deutsches, das ihre Anhänger veredelt und besser macht. Würde aber jeder besser, und wäre die Selbstveredlung keine Ausnahme, dann würde sie viel von ihrem Reiz einbüßen. Daher sollen diese Heiden ruhig Heiden bleiben. Sie sollen aber trotzdem die Zivilreligion von außen schätzen lernen und die Deutschen dafür achten. Es geht zum Beispiel nicht an, wenn der chilenische Präsident „Deutschland über alles" ins Gästebuch des Bundespräsidenten schreibt. Das ist nicht nur Majestätsbeleidigung sondern auch Blasphemie, und die kann auch durch Unwissen nicht entschuldigt, sondern allenfalls erklärt werden.

Problematischer wird es bei den Ausländern in Deutschland. Von ihnen wird mehr verlangt, insbesondere wenn sie einen deutschen Pass haben wollen. Sie sind in einer paradoxen Lage. Einerseits erlaubt man ihnen, im Rahmen des Ausländerfreundlichkeitsgebotes teilweise nicht-deutsch zu bleiben, aber andererseits müssen sie doch auch das „wissen um" die deutsche Schuld und die Verantwortung erlernen. Inwieweit sie sich dann letztlich mit diesem „wissen um" identifizieren ist eine bisher ungelöste Frage.

Dann gibt es ja aber auch, gerade im Zusammenhang mit den Globalisierungsprozessen der letzten Jahrzehnte, eine zunehmende Anzahl von ursprünglich Deutschen, die mit Deutschland nicht mehr viel zu tun haben und sich anderen Gesellschaften einverleibt haben. Was gilt für diese Menschen in der Diaspora, die kein Verlangen nach Rückkehr in den Schoß der Heimat haben? Bleiben sie trotzdem ihr Leben lang „Volksdeutsche"? Auch darauf gibt es, soweit ich sehe, keine eindeutige Antwort.

Der am meisten verdächtige Heide ist der, der, als Deutscher und in Deutschland, anders als der Ketzer, das Bekenntnis zur Schuld in Frage stellt oder sogar verweigert. Dabei vertritt er jedoch nicht eine Gegenreligion, denn sonst wäre er ja Satanist. Anders als die Satanisten teilen die Heiden in der Regel viele Einstellungen mit der Religion, deren Gott sie nicht verehren. Auch Muslime und Atheisten sind normalerweise gegen das meiste, wogegen sich die christlichen Zehn Gebote aussprechen, zum Beispiel gegen Mord und Diebstahl. Und sie befürworten auch vieles, was das Christentum einfordert, zum Beispiel Nächstenliebe oder Sorge für Arme und Kranke. Das Problem ist gerade, dass sie all dies tun, ohne sich dabei auf den einzig wahren Gott zu berufen. Das macht sie für die Religion gefährlich, denn dadurch verliert sie an Glaubwürdigkeit. Eine Religion wie das Christentum geht davon aus, dass der Grund alles Guten im Bekenntnis zu Gott zu finden ist. Wenn dieses Bekenntnis fehlt, wird Gott, wie es häufig heißt, „relativiert", und das verträgt gerade eine monotheistische Religion schlecht.

Heiden haben also keineswegs notwendig andere moralische oder politische Werte als die Rechtgläubigen. Im Gegenteil, wenn sie Mitglieder derselben Gesellschaft sind, der auch die Gläubigen angehören, dann wird sogar wahrscheinlich ein großes Maß an moralisch-politischer Übereinstimmung zwischen beiden Gruppen bestehen. Das gilt aber nicht in Bezug auf die Religion. Hier kann sich dann, je nach den Umständen, ein Konflikt bilden, der gewaltsam oder auch vorwiegend intellektuell ausgetragen wird. Ein Beispiel für einen solchen „zivilisierten" Konflikt aus dem zivilreligiösen Deutschland ist die so genannte „Walser-Bubis-Kontroverse" aus dem Jahre 1998.

Martin Walser (geb. 1927), einer der bekanntesten und erfolgreichsten deutschen Schriftsteller der Gegenwart, erhielt in jenem Jahr den mit großem Prestige versehenen *Friedenspreis des deutschen Buchhandels* zugesprochen. Wie bei solchen Verleihungen üblich, musste der Preisträger bei einem Festakt eine „Sonntagsrede" halten - um mit Walser selbst zu sprechen. Am 11. Oktober 1998 tat Walser dies in der Frankfurter Paulskirche „vor 1200 Gästen aus Kultur, Wirtschaft und Politik."[52] Die Rede „wurde zunächst fast

---

[52]   Zitiert nach Karsten Luttmer, „Die Walser-Bubis-

ausnahmslos mit stehenden Ovationen begeistert aufgenommen. Zu denjenigen, die nicht applaudierten, gehörte der damalige Vorsitzende des Zentralrates der Juden in Deutschland, Ignatz Bubis, der die Rede kurz danach als *‚geistige Brandstiftung'* bezeichnete. Er warf Walser eine Schlussstrichmentalität vor, weil dieser vom Wegschauen und Wegdenken in Bezug auf die Verbrechen des Nationalsozialismus gesprochen hatte."[53]

Die Kritik seitens Bubis an Walser löste in den kommenden Wochen und Monaten eine Debatte in der deutschen Medienöffentlichkeit aus, an der eine ganze Reihe Für- und Widersprecher beider Protagonisten teilnahmen, darunter vor allem „intellektuelle" Journalisten und Politiker. „Ein von der *Frankfurter Allgemeinen Zeitung* organisiertes Versöhnungsgespräch zwischen den beiden Kontrahenten markierte den Schlusspunkt der Auseinandersetzung. Bubis nahm darin den Vorwurf der geistigen Brandstiftung zurück."[54]

Walsers Rede wurde zum Ausgangspunkt einer, wenn man so sagen will, heidnischen Revolte gegen die deutsche Zivilreligion, die natürlich eine zivilreligiöse Gegenreaktion und, wenn man ebenso sagen will, Gegenreformation, provozierte. Dabei wurden die „Äußerungen Walsers oft wie folgt interpretiert: Die NS-Verbrechen würden von einigen Leuten dazu missbraucht werden, den Deutschen weh zu tun oder gar um politische Forderungen zu stützen. Auch fühle derjenige, der ständig diese Verbrechen thematisiert, sich den Mitmenschen moralisch überlegen. Der Themenkomplex Auschwitz dürfe aber nicht zur ‚Moralkeule' ver-

---

Kontroverse"auf http://www.zukunft-braucht-erinnerung.de/nachkriegsdeutschland/gedenkkulturen-nach-1945/116.html Eingesehen am 30. August 2011.

[53]   Ebd. Hervorhebung im Original.

[54]   Ebd.

kommen, gerade wegen seiner großen Bedeutung."[55] Walser hingegen wurde vorgeworfen, „die Verbrechen des Nationalsozialismus nicht zu leugnen, wohl aber zu relativieren, um sich positiv auf Deutschland und seine Geschichte beziehen zu können."[56]

In seiner Rede hatte Walser insbesondere sein Unbehagen gegenüber den Medien als den Predigern der Zivilreligion kundgetan. Als besonders anstößig empfanden viele folgenden Satz: „Wenn mir aber jeden Tag in den Medien diese Vergangenheit vorgehalten wird, merke ich, dass sich in mir etwas gegen diese Dauerrepräsentation unserer Schande wehrt. Anstatt dankbar zu sein für die unaufhörliche Präsentation unserer Schande, fange ich an wegzuschauen."[57] Mit dieser Aussage brach Walser ein religiöses Grundgebot. Wenn man Religion vorgesetzt bekommt, darf man nicht wegschauen. Statt den Predigern für deren „Dauerrepräsentation" *dankbar* zu sein, wie es eben religiös richtig wäre, erregen sie in Walser geradezu Abscheu. Wenn Walser den Fernseher abschaltet oder die Zeitung aus der Hand legt, ist das so, als ob er die Kirche verlässt. Sein Wegschauen wurde, nicht zu Unrecht, als Geste des Verleugnens der Zivilreligion wahrgenommen und das „Be-

---

[55] Zitiert nach dem Eintrag „Martin Walser" im deutschsprachigen wikipedia.org, eingesehen am 30. August 2011.

[56] Zitiert nach Karsten Luttmer, „Die Walser-Bubis-Kontroverse"auf http://www.zukunft-braucht-erinnerung.de/nachkriegsdeutschland/gedenkkulturen-nach-1945/116.html Eingesehen am 30. August 2011.

[57] Dieses und alle folgenden Zitate aus der Rede entstammen: "Dankesrede von Martin Walser zur Verleihung des Friedenspreises des Deutschen Buchhandles in der Frankfurter Paulskirche am 11. Oktober 1998: ‚Erfahrungen beim Verfassen einer Sonntagsrede.'" Archiviert auf der Website des Deutschen Historischen Museums, Berlin.

fremden der Öffentlichkeit, die Walser lange als einen politisch links eingestellten Autor wahrgenommen hat, wurde zum vehementen Protest."[58] Walser, der selbst eine alt-68er Vergangenheit aufwies, hatte mit seiner Rede offensichtlich den religiösen Kodex seiner ehemaligen Weggefährten gründlich verletzt und sich als Heide geoutet.

Zu Walsers Abkehr von der Zivilreligion kam zu allem Übel auch noch eine sprachliche „Schändung" dessen höchsten Heiligtums hinzu. Walser sagte: „In der Diskussion um das Holocaustdenkmal in Berlin kann die Nachwelt einmal nachlesen, was Leute anrichten, die sich für das Gewissen von anderen verantwortlich fühlen. Die Betonierung des Zentrums der Hauptstadt mit einem fußballfeldgroßen Alptraum. Die Monumentalisierung der Schande. Der Historiker Heinrich August Winkler nennt das ‚negativen Nationalismus'. Dass der, auch wenn er sich tausendmal besser vorkommt, kein bisschen besser ist als sein Gegenteil, wage ich zu vermuten." Somit wandte sich Walser also nicht nur von Predigern ab, sondern attackierte geradeheraus den zivilreligiösen Klerus und dessen machtpolitische „Instrumentalisierung" des Glaubens zur selbstgerechten Darstellung des guten Gewissens, das er zu haben beansprucht, und jedem verspricht, der sich ihm unterwirft.

Schließlich spricht Walser zivilreligiös unkorrekt von „Schande" und nicht von Schuld. Das bedeutet, dass er von der Religion nicht mit den rechten Namen spricht, was selbst eine Schande ist. Indem er von Schande spricht, distanziert er sich von der Schuld, von der er eigentlich sprechen sollte. Schuld ist etwas, für das man individuell verantwortlich ist, aber eine Schande fällt gewissermaßen von außen auf einen herab. Walsers Wortwahl ist nicht *pro-*

---

[58]   Zitiert nach dem Eintrag „Martin Walser" im deutschsprachigen wikipedia.org, eingesehen am 30. August 2011.

testantisch genug, er setzt damit etwas zwischen sich und das Heilige, und so ist sein Bekenntnis nicht rein genug, es mangelt dem Mann offenbar an echter Hingabe an die Schuld.

Dass Walser die religiöse Dimension des Umgangs mit der „Schande" (die er Schuld hätte nennen sollen) in Deutschland erkannt hat, lässt seine Wortwahl deutlich erkennen, wenn er beispielsweise von der *Ritualisierung* des Umgangs mit ihr spricht oder von der *Predigtersatzfunktion*, die man von öffentlichen Ansprachen in Deutschland verlangt, weil „diese Gesellschaft natürlich besonders schlecht" ist. Und er knüpft an den gerade in der Geschichte der christlichen Kirche bisweilen auftauchenden Perversionsvorwurf gegen Kleriker und Prediger an, wenn er sagt: „Die, die mit solchen Sätzen [populistischen Schlagzeilen gegen Neonazis und Deutschland] auftreten, wollen uns wehtun, weil sie finden, wir haben das verdient. Wahrscheinlich wollen sie auch sich selbst verletzen. Aber uns auch. Alle. Eine Einschränkung: Alle Deutschen." Das muss doch jedem, der einmal gelesen hat, was Nietzsche oder Freud zum Christentum zu sagen hatten, bekannt vorkommen, oder!?

Martin Walser hat in seiner Sonntagsrede einer heidnische Position zur deutschen Zivilreligion Ausdruck verliehen, und das fanden viele gut, aber es haben sich auch viele darüber geärgert. Er hat sich dafür nicht entschuldigt, aber er hat doch betont, es sei ihm in seiner Rede nur darum gegangen, eine „sehr persönliche Ansicht" und sein „subjektives Empfinden" auszusprechen.[59] Es ging ihm, wie Heiden und Atheisten im Allgemeinen, also nicht darum, Werbung für irgendeine *andere* Religion und natürlich schon gar nicht

---

[59]   Zitiert nach dem Eintrag „Martin Walser" im deutschsprachigen wikipedia.org, eingesehen am 30. August 2011.

für den Satanismus zu machen. Er hat nur davon gesprochen, wie er den Geschmack an der Zivilreligion verloren hat – und vielleicht auch, wie ihm dieser Geschmack von den Predigern und dem Klerus der Zivilreligion *verdorben* wurde. Er hat dies auf schriftstellerische Weise getan – und gerade diese Form hat es schon vielen vor ihm erlaubt, heidnische Dinge zu sagen, die man anders kaum loswerden kann. Der Schriftsteller genießt traditionell eine größere religiöse und zivilreligiöse Narrenfreiheit als viele andere um ihn herum.

Nachwort:

Schuld und Sünde in Deutschland

Deutschland, ganz allgemein gesprochen, hat sich in den vergangenen Jahrzehnten zunehmend schuldig gemacht, und zwar selbst und aus freien Stücken. Es hat die Schuld für die Verbrechen der Nazizeit auf sich genommen und sich dazu, und zu der aus ihr erwachsenen Verantwortung umfassend bekannt. Gleichzeitig konnte Deutschland so wieder stolz werden und ein moralisches Überlegenheitsbewusstsein entwickeln. Es gibt doch kein anderes Land, das sich seiner Schuld so bereitwillig stellt! Aber was für eine Schuld ist das – und was für eine Verantwortung? In diesem Buch ging es darum zu erklären, inwiefern diese Schuld und diese Verantwortung eine *religiöse* Dimension angenommen haben.

Schuld sein kann man zumindest auf drei verschieden Weisen. Die erste und vielleicht einfachste ist die *rechtliche* Schuld. Bei einem Strafverfahren oder bei der Untersuchung eines Autounfalls, geht es darum herauszufinden, wer Schuld hat, und wenn ja, wie viel. Das entscheidet dann darüber, wer bestraft wird, und wie hoch oder lang die Bestrafung ausfällt. Das Urteil klärt auf diese Weise nicht nur die Schuld, sondern auch, in einem rechtlichen Sinne, die Verantwortung dafür. Durch seine Strafe verantwortet sich der Verbrecher für sein Verbrechen. Das ist, rechtlich gesehen, im Prinzip nicht anders in Bezug auf die Verbrechen, die zur Nazizeit in Deutschland oder von Deutschen begangen wurden.

Über die rechtliche Schuld der deutschen Nazi-Verbrecher—ebenso wie des Deutschen Reiches als Rechtssubjekt und seinen Rechtsnachfolgern—gibt es wenig zu debattieren, es sei denn man ist Holocaust-Leugner, und damit selbst ein Verbrecher. Viele, aber natürlich nicht alle, Nazi-Schuldigen sind dafür angeklagt und in den meisten Fällen schwer bestraft worden, von den Nürnberger Prozessen über Eichmann bis zu den heute ab und zu immer noch auftauchenden Demjanuks, Barbies, oder wie immer sie heißen mögen. Darüber, dass dies zu Recht so geschah und geschieht, sind sich, bis auf die genannten Ausnahmen, praktisch alle einig, sowohl in Deutschland als auch in den meisten anderen Ländern der Welt. Deshalb muss man über diese rechtliche Seite der Schuld und der Verantwortung dafür nicht noch lange reden oder schreiben. Sie liegt klar auf der Hand.

Schwieriger wird es mit der zweiten Form von Schuld und Verantwortung, nämlich der *moralischen*. Und erst recht schwierig wird es mit dieser in Bezug auf die Nazi-Zeit und ihre Verbrechen. Um dies zu illustrieren, kann man sich das folgende Szenario vorstellen, auch wenn die Vorstellung unangenehm ist: Ein Zug transportiert unschuldige Gefangene, die keine Verbrecher sind, sondern wegen ihrer Rasse oder Religion umgebracht werden sollen, zu diesem Zweck in ein Konzentrationslager. Dabei handelt es sich, wie gesagt, rechtlich gesehen eindeutig um ein Verbrechen – sogar den Gesetzen der Nazi-Zeit folgend, denn auch die sahen Mord als ein schweres Vergehen an. Alle für dieses Verbrechen Verantwortlichen gehören selbstverständlich vor Gericht gestellt und bestraft. Wie sieht es aber aus mit dem Zugführer?

Der Zugführer weiß womöglich wirklich nicht, was genau mit den Gefangenen, die er transportiert, geschehen wird. Die für das Verbrechen Verantwortlichen haben ihm, allein schon aus Selbstschutz, gesagt, das Ziel sei ein Arbeitslager. Von Vernichtungslager haben sie nicht gesprochen. Außerdem hat der Zugführer keine andere Wahl. Als er morgens zur Arbeit ging, hatte er noch keine Ahnung davon, welche Fahrt er später vor sich hatte. Er hatte diese Fahrt weder geplant noch je selbst gewollt. Man hat ihm nie freigestellt, sich zu entscheiden, ob er diesen Zug fahren wolle oder nicht. Man hat ihn praktisch dazu gezwungen. Wenn er, denn es ist Krieg, den Befehl verweigert, droht ihm vielleicht sogar die Erschießung. Es wird daher kaum möglich sein, dem Zugführer eine rechtliche Schuld an dem Verbrechen zuzuschreiben und ihn dafür zur Verantwortung zu ziehen. Man hatte ihn erstens über den tatsächlichen Zweck seiner Fahrt bewusst getäuscht, und außerdem hat man ihn indirekt mit dem Tode bedroht, falls er die Fahrt verweigere.

Aber dass der Zugführer rechtlich kaum zu belangen ist, bedeutet natürlich keinesfalls, dass er moralisch unschuldig ist. Hat der Zugführer seinen Befehlshabern wirklich geglaubt, dass es sich hier um einen irgendwie legalen Akt handelt? Er hat doch Augen im Kopf, er weiß doch um die Hasspropaganda und die Pogrome, die um ihn herum stattfinden. Gibt es denn nicht offenkundige Anzeichen dafür, dass das, was er gerade macht, ein Verbrechen ist? Und begünstigt er nicht dieses Verbrechen durch seine Handlungen? Kann er sich etwa wirklich die Hände in Unschuld waschen – oder ist das nicht *moralisch* ähnlich problematisch wie einst bei Pontius Pilatus?

Wenn der Zugführer nur ein halbwegs normaler Mensch ist, wird er sich wahrscheinlich zeitlebens, trotz seiner rechtlichen Unschuld, moralisch Schuld und Verantwortung für dieses Verbrechen zuschreiben, und zwar, wie ich denke, zu Recht. Selbst wenn er tatsächlich getäuscht und bedroht wurde, hat er doch aktiv an einem schrecklichen Verbrechen mitgewirkt und nichts, aber auch gar nichts getan, um es zu verhindern. Rechtlich konnte man das zwar nicht von ihm verlangen, aber menschlich sehr wohl.

Moralische Schuld ist etwas Persönliches, und, jedenfalls wenn man heutigen westlichen Moralvorstellungen folgt, besteht darin, dass man selbst, als Individuum, entweder etwas tut, das moralischen Grundsätzen widerspricht, oder etwas unterlässt, das verhindern könnte, dass andere so etwas tun. Dass beispielsweise Massenmord moralischen Grundsätzen widerspricht ist offensichtlich. Insofern gibt es zweifelsohne sehr viele Menschen, die sich in der Nazi-Zeit zwar nicht rechtlich, aber moralisch individuell schuldig gemacht haben und die für diese Schuld auch eine moralische Verantwortung haben, die zum Beispiel in Form eines schlechten Gewissens oder eines psychischen Traumas zum Ausdruck kommen kann.

Wenn man heutige westliche Moralvorstellungen zu Grunde legt, wird es allerdings fast unmöglich, auch den Kindern des Zugführers, die zur Zeit des Verbrechens noch nicht einmal geboren waren, eine moralische Schuld daran zuzuschreiben. Ebenso wie rechtliche Schuld und Verantwortung kann moralische Schuld und Verantwortung nur solchen Individuen zugeschrieben werden, die selbst gehandelt haben. Man kann doch nicht moralisch schuld an und verantwortlich für etwas sein, das lange vor der eigenen Geburt geschah! Aber ist das wirklich so?

Wenn man andere, ältere europäische oder auch chinesische Rechts- und Moralvorstellungen heranzieht, sieht die Sache anders aus. Im traditionellen China beispielsweise konnte die Schwere eines Verbrechens dann im Urteil darin zum Ausdruck kommen, wie viele Verwandte oder Nachbarn des Täters noch mit ihm zusammen hingerichtet wurden. Man sah den Einzelnen nicht als völlig isoliertes Individuum an, sondern als Teil einer über ihn hinaus reichenden konkreten Gruppe, mit der er untrennbar verbunden war. Dementsprechend wurden auch Schuld und Verantwortung oft als kollektiv begriffen – und sicher nicht nur von den Richtern, sondern auch von den Verurteilten.

Noch deutlicher wird das Problem individueller Schuld- und Verantwortungsbegrenzung auf moralischem Gebiet. Auch wenn ich zwar weiß, dass ich mich nicht individuell schuldig gemacht habe, wenn ich das Kind jenes Zugführers bin, so fühle ich doch, ob ich es will oder nicht, Scham in Bezug auf dessen Taten, und zwar nicht nur eine abstrakte Scham, sondern eine tatsächlich persönliche Scham dafür, dass *mein* Vater so etwas getan hat. Insofern kann man auch heute und im Westen, wenn man von einem Schuldbegriff im strengen, modernen Sinne zu einem breiteren Schambegriff wechselt, noch von moralischer Betroffenheit und sogar von moralischem Verantwortungsgefühl sprechen, dass man als „nachgeborener" Deutscher den Verbrechen der Nazi-Zeit gegenüber empfinden kann. Man sollte dann aber nicht mehr von einer Schuld im moralischen Sinne reden, sondern von einer *Schande*, wie dies Martin Walser getan hat.

Schuld im engeren und modernen Sinne, kann ich nur an etwas sein, das mir persönlich zuzuschreiben ist. Aber Scham für eine Schande kann ich auch für etwas Schlechtes empfinden, das nicht mir, aber der Gruppe, zu der ich konkret zugehörig bin, zum Beispiel durch Verwandtschaft oder Freundschaft, durch Bekanntschaft oder auch durch freie Wahl, anhaftet. Man kann sich, wie es neudeutsch heißt, auch fremdschämen. Dafür ein profanes Beispiel: Wenn der Fußballverein, dessen Fan ich bin, absteigt, dann bin ich daran nicht schuld – ich habe ja nicht mitgespielt und war auch nicht der Trainer oder Präsident. Aber eine Schande ist es doch, und ich empfinde auch, selbst wenn es sich durchaus in Grenzen hält, eine gewisse Scham, wenn ich an diesen Fußballverein denke.

Scham ist eine zweischneidige Sache, und sich „richtig" zu schämen, ist nicht leicht. In China hat die konfuzianische

Tradition sehr viel Wert auf die Kultivierung von Scham gelegt. Sie zielte gewissermaßen darauf ab, eine Kunst des Schämens zu entwickeln. Einerseits kann Scham in einer Gesellschaft sehr wichtig sein für die Aufrechterhaltung sozialen Friedens und auch für das Wohlbefinden des Einzelnen innerhalb der Gruppe. Verhaltensweisen, wie sich „passend" zu kleiden, zum Beispiel bei einer Hochzeit oder einer Beerdigung, anständig zu essen, wenn andere zugegen sind, usw. müssen nicht in erster Linie als das Ergebnis einer zwanghaften Anpassung an gesellschaftliche Konventionen verstanden werden, sondern sind gesellschaftliche Techniken, die ganz offensichtlich zum Wohlbefinden aller in einer bestimmten Situation beitragen. Es ist *kränkend*, wenn jemand bei der Beerdigung eines guten Freundes oder nahen Verwandten nachlässig gekleidet auftaucht und vielleicht betrunken herum plappert. Das ist für alle Anwesenden, inklusive des Betrunkenen (nachher) peinlich und damit schmerzhaft.

Höflichkeit ist ein ganz wesentlicher Bestandteil gesellschaftlichen Miteinanderauskommens und wird praktisch in allen Kulturen in verschiedenen Formen praktiziert und eingeübt. Sie funktioniert ganz wesentlich durch die Kultivierung von Scham. Wenn man nicht nur weiß, sondern spürt, was unhöfliches Benehmen, unhöfliche Kleidung, unhöfliche Sprache usw. ist, dann verhält man sich von selbst höflich, um Scham zu vermeiden. Insofern ist Scham wichtig für eine fruchtbare und konstruktive „Atmosphäre" in einer Gruppe, sei es eine Gruppe von Freunden, eine Familie oder eine ganze Gesellschaft. Nur in einer solchen Atmosphäre kann es das Individuum letztlich überhaupt in der Gruppe *aushalten*. *Schamlosigkeit* ist eine für andere sehr unangenehme Form der *Soziopathie*. Sie zeichnet beispielsweise oft Schwerverbrecher aus.

Andererseits kann ein zu viel an Scham oder falsche

Scham auch leicht pathologische Folgen haben, und zwar wiederum sowohl für das Individuum, wie für die Gruppe als Ganzes. Wenn jemand sich wegen jeder Kleinigkeit schämt, wird er handlungs- und lebensunfähig. Man wird dadurch *krank*, man kann nicht mehr tun, was man eigentlich ohne Schwierigkeiten tun können sollte. Eine Gruppe oder eine Gesellschaft kann sich dadurch insgesamt handlungsunfähig machen, oder zumindest in ihrer Handlungsfähigkeit beschränken. Wenn zum Beispiel eine Notlage besteht, dann kann ich nicht vorher noch lange Höflichkeiten austauschen, bevor ich zu handeln beginne. Sonst ist es zu spät. Wenn Mund-zu-Mund-Beatmung nötig ist, dann muss ich bestimmte Höflichkeitsgebote ignorieren können. Ebenso problematisch wird es, wenn man sich für bestimmte Eigenschaften schämt, oder solche Eigenschaften als schamvoll deklariert werden. Das ist zum Beispiel in vielen Gesellschaften in Bezug auf die Hautfarbe so. Das macht dann das Leben nicht nur für diejenigen schwer, die eine solche Hautfarbe haben, sondern pathologisiert notwendig die Gesellschaft als Ganze.

Die Konfuzianer haben sehr richtig erkannt, dass Scham und Schande sehr wichtig sind für das Funktionieren einer Gesellschaft und vor allem für deren Gesundheit und damit Leistungsfähigkeit und Kreativität. Durch Scham und Schande kann das Leben in einer Gesellschaft angenehmer und schöner werden, aber das Gegenteil kann bei „falscher" Scham genauso gut eintreten. Dafür gibt es keine prinzipiellen Regeln, die von vornherein – Immanuel Kant würde sagen *a priori* – fest stehen, und die man dann in der Praxis nur noch anwenden muss. Was funktioniert, stellt sich erst in und durch die Praxis heraus. Und wenn es eine Zeit lang funktioniert, ist das noch lange keine Garantie dafür, dass es dauerhaft funktionieren wird. Scham und Schande ändern sich im Verlaufe der Zeiten.

Im Unterschied zu rechtlicher Schuld und zu moralischer Schuld und Schande gibt es noch (wenigstens) eine weitere „Schulddimension", und diese ist *religiös*. Gerade die christliche Religion hat einen solchen Schuldbegriff ausgeformt. Der religiöse Ausdruck dafür ist Sünde, und zwar Sünde gegenüber Gott. In einer gottlosen Religion, um die es sich bei der deutschen Zivilreligion handelt, spricht man jedoch weiterhin von Schuld, was zu Verwechslungen führen kann.

Die religiöse Form der deutschen Schuld an den Nazi-Verbrechen wird, wie gesehen, im hessischen Lehrplan für Geschichte, wenn es um den Unterricht über die NS-Zeit geht, so formuliert:

„Das Hauptanliegen des Unterrichts muss bei diesem Thema sein, die Schülerinnen und Schüler dazu zu motivieren, in einen Prozess der reflexiven Auseinandersetzung mit der Zeit der nationalsozialistischen Diktatur einzutreten, in dessen Verlauf ihnen bewusst wird, dass es hier, über die reine Kenntnisnahme der Fakten hinaus, um die Frage von individueller Schuld und historischer Verantwortung geht, der sich auch ihre Generation zu stellen hat. ... Zentrales Unterrichtsziel ist also nicht nur, wie bei allen anderen Kursthemen auch, ein auf ein hinreichendes Fundament an Kenntnissen gegründetes historisches Urteilsvermögen, sondern darüber hinaus das Wissen um die besondere Verantwortung, die in diesem Fall die eigene Geschichte jedem Deutschen auferlegt."[60]

Hier geht es um ein Bekenntnis zu einer Schuld und eine Verantwortung, der sich „jeder Deutsche" zu stellen hat,

---

[60] Zitiert nach dem im Internet zu findenden *Lehrplan Geschichte. Gymnasialer Bildungsgang. Jahrgangsstufen 6 bis 13*. Hessisches Kultusministerium, 2011. Seite 51.

denn sie ist durch „die eigene Geschichte" allen „auferlegt". Es handelt sich bildlich gesprochen um eine Art *Erbsünde*, der man sich nicht entziehen kann und die zeitlos ist. Sie ist zugleich allgemein und individuell. Es sind ausdrücklich nicht meine persönlichen Taten, die mich persönlich schuldig machen, damit kann es sich nicht um eine rechtliche und auch nicht um eine moralische Schuld im modernen Sinne handeln. Es wird auch nicht von einer moralischen Schande gesprochen. Das „Wissen um" das „Auferlegtsein" jener Schuld schweißt wie das Wissen um eine höhere Bestimmung (oder sollte man sagen: um die „Vorsehung"?) diejenigen, die es teilen, zu einer Schicksalsgemeinschaft zusammen. Die gemeinsame und zugleich besondere „Geschichte", die uns der Sünde teilhaftig werden lässt, schafft im gleichen Zug nationale und zivilreligiöse Identität.

Bei der (zivil-)religiösen Sünde und der Verantwortung, die ich ihretwegen übernehme, handelt es sich, im Gegenteil zu einer Schande, um etwas, das völlig abstrahiert von allen meinen persönlichen Eigenschaften, Entscheidungen, Vorlieben, oder Taten und selbst von meinen persönlichen Erfahrungen und *meinem persönlichen Leben* ist. Inwiefern ist man denn einer von „allen Deutschen"? Durch Staatsangehörigkeit, durch Genetik, durch Wohnort, durch Kultur, durch Sprache? Inwiefern ist einem aus Russland eingewandertem Deutschen, einem nach Australien ausgewanderten Deutschen, einem Deutschen mit afrikanischen Vorfahren, einem in den USA aufgewachsenen, aber in Deutschland geborenem Adoptivkind, einem Kommunisten aus der ehemaligen DDR, der von den Nazis verfolgt wurde, diese besondere Verantwortung „auferlegt"? Sind all diese Menschen vielleicht nicht wirklich deutsch, weil ihnen die eigene Geschichte nicht dieselbe Verantwortung auferlegt hat wie dem urdeutschen Nachfahren von Nazieltern? Oder kann der eingewanderte Afrikaner vielleicht doch einer von

133

„allen Deutschen" werden, wenn er die deutsche Geschichte zu „seiner eigenen" macht und sich ganz der Zivilreligion unterwirft? Offensichtlich bedingen neudeutscher Nationalismus und neudeutsche Zivilreligion sich gegenseitig. Gutes Deutschtum verlangt das Bekenntnis zur Zivilreligion, und das Bekenntnis zur Zivilreligion setzt gutes Deutschtum voraus. Auf paradoxe Weise kann das Bekenntnis zur zivilreligiösen Schuld uns wieder stolz machen, Deutsche zu sein—uns, die wir uns mit dem, was uns allein auferlegt ist, identifizieren.

Mit dem Philosophen Max Stirner (1806-1856) gesprochen, handelt es sich, wenn man von solchen Dingen, wie einem Volk, einer Nation mit einer ganz „eigenen Geschichte" und natürlich von Sünde, Religion und Göttern spricht, nur jeweils um einen „Spuk" oder einen „Sparren", also um Hirngespinste. All das hört sich zwar für die, die sich damit identifizieren, wie in Stein gemeißelt an, aber von außen betrachtet gibt es das in Wirklichkeit doch gar nicht. Was unterscheidet den Deutschen „völkisch" vom Schweizer? Wann fängt die Geschichte einer Nation an, und wo hört die einer anderen auf? Als Jugendlicher habe ich gemerkt, dass man mich zwar evangelisch nannte, dass ich aber „eigentlich" gar nicht evangelisch war. Es hat etwas länger gedauert, bis ich bemerkt habe, dass ich genauso und im selben Sinne auch „eigentlich" kein Deutscher bin und niemals war, und dass ich dementsprechend keine „eigene Geschichte" habe, die ich mit „jedem Deutschen", aber *keinem anderen* teile. Die neue deutsche Zivilreligion erfüllt nicht zuletzt den Zweck, einen dubios gewordenen deutschen Nationalismus neu zu begründen. Und sie tut dies, indem sie eine rechtliche und moralische Schuld und eine kollektive Schande in eine zivilreligiöse Sünde verwandelt.

Zeitfracht Medien GmbH
Ferdinand-Jühlke-Straße 7
99095 Erfurt, Deutschland
produktsicherheit@kolibri360.de